Hipólito da Costa

MOACIR PEREIRA

Hipólito da Costa

A NARRATIVA DA PERSEGUIÇÃO E A DITADURA DA TOGA

dois por quatro

70

Florianópolis – Ilha de Santa Catarina – São Paulo-SP – Brasil – 2023

HIPÓLITO DA COSTA: A NARRATIVA DA PERSEGUIÇÃO E A DITADURA DA TOGA

EDITORA ALMEDINA
Diretor da Almedina Brasil Rodrigo Mentz
Editor Deonísio da Silva
Assistentes editoriais Mary Ellen Camarinho Terroni; Michele Roberta Rosa e Silva

DOIS POR QUATRO EDITORA
Editores Maria Cecilia Pilati e Valmor Fritsche
Revisão Roberto Ostermann
Design gráfico Valmor Fritsche
Fotografia da capa Estátua de Hipólito José da Costa, no Monumento à Independência, Ipiranga, São Paulo

DADOS INTERNACIONAIS DE CATALOGAÇÃO NA PUBLICAÇÃO (CIP)
(Câmara Brasileira do Livro, SP, Brasil)
Aline Graziele Benitez - Bibliotecária - CRB-1/3129

P436h

Pereira, Moacir
Hipólito da Costa: a narrativa da perseguição e a ditadura da toga. Florianópolis : Dois Por Quatro, 2023; São Paulo : Edições 70, 2023.

152p. ; 16 x 23 cm
Bibliografia.
ISBN 978-65-5427-211-7

1. Costa, Hipólito da (1774-1823). 2. Imprensa - Brasil - História. 3. Jornalismo - Brasil - História. I. Título.

23-180669 CDD-079.81

Índice para catálogo sistemático
1. Brasil : Jornalismo : História 079.81

Como referenciar esta publicação:
PEREIRA, Moacir. **Hipólito da Costa**: a narrativa da perseguição e a ditadura da toga. Florianópolis : Dois Por Quatro, 2023; São Paulo : Edições 70, 2023.

IMPRESSO NO BRASIL

EDITORA: ALMEDINA BRASIL
Rua José Maria Lisboa, 860
Conj. 131 e 132,
Jardim Paulista | 01423-001 São Paulo | Brasil
editora@almedina.com.br
www.almedina.com.br

DOIS POR QUATRO EDITORA
Rua Ivo Reis Montenegro, 191
Florianópolis/SC – CEP 88085-600
(48) 3371-8222 | (48) 98409-8222
editora@doisporquatro.com
www.doisporquatro.com

Para a querida Adir, a esposa amada
que aconselha e ilumina, com amor e gratidão.

Aos amados filhos Moacir, Liliane e Silvia,
a razão maior de todos os projetos.

Para as maravilhosas netas
Caroline, Amanda, Letícia e Alícia,
a doce convivência da rica vida familiar.

Prefácio

JALI MEIRINHO(*)

No processo de emancipação do Brasil no início do século XIX, dois brasileiros alcançaram a imortalidade, ambos com sólida formação humanista e com presságios sobre o destino de um país que se estava construindo: José Bonifácio de Andrada e Silva, com presença física na cena brasileira nos dias decisivos da Independência, e Hipólito José da Costa Pereira Furtado de Mendonça, que, ausente da Pátria e desde a Inglaterra, com genialidade expôs aos seus patrícios noções de liberdade e coragem por intermédio do jornal que fundou, o *Correio Braziliense* ou *Armazém Literário*, editado em Londres. O periódico circulou, ininterruptamente, entre julho de 1808 e dezembro de 1822, doutrinando e inspirando a soberania do território sul-americano de domínio português.

Reconhecido como *Patrono da Imprensa Brasileira*, Hipólito da Costa, foi estudado, principalmente, pela ação como fundador do *Correio*. Posteriormente, passou a ser reconhecido como pensador liberal, vítima da inquisição, cujo processo narrou em detalhes, como reproduzido e comentado, neste *Hipólito da Costa: a narrativa da perseguição e a ditadura da toga*.

O autor desta obra, Moacir Pereira, cursou Ciências Jurídicas na lendária Faculdade de Direito, da rua Esteves Junior, em Florianópolis.

Jornalista, escritor e biógrafo, com uma carreira agigantada ao longo de mais de meio século, tem presença contínua nos principais jornais, rádios e televisões do estado de Santa Catarina. Cotidianamente, presta informação a todos os setores da comunidade catarinense, com maior enfoque na política; preocupa-se com o desenvolvimento econômico e ocupa-se da cultura, com extraordinária competência. Seu trabalho supera o estrito exercício profissional, pois abraçou causas relevantes para a sua classe como o pioneirismo na criação do Curso de Jornalismo da Universidade Federal de Santa Catarina, do qual foi coordenador; presidiu e dinamizou a Associação Catarinense de Imprensa – Casa do Jornalista e o Sindicato dos Jornalistas de Santa Catarina, tornando-se um exemplo de abnegação para os profissionais dos meios de comunicação.

Privilegiado, testemunhei sua capacidade inventiva desde os primeiros passos da profissão, pelos anos sessenta do século XX, como repórter de emissora de rádio, onde a comunicação exige ágil desempenho e lúcido improviso, até passar a repórter e redator de textos concisos, reportagens marcantes, transformando-se em destacado homem de imprensa no Estado. E foi por isso que, eleito, tornou-se imortal da Academia Catarinense de Letras, ocupante da cadeira 3, desde o ano de 2003. Na instituição engajou-se nas suas causas e atuou como presidente em período difícil entravado pela pandemia, e que superou no resguardo da herança cultural de uma Instituição centenária. Também é membro do Instituto Histórico e Geográfico de Santa Catarina na categoria Emérito, sendo detentor da comenda *Manoel Joaquim de Almeida Coelho* outorgada pela nossa mais antiga entidade cientifica e cultural, com 126 anos, agregando estudiosos do catarinensismo.

Com mais de sessenta livros publicados, o autor soma este, evocando o pensamento do notável patrício que viveu nos tempos turbulentos da formação do Brasil Independente. Com muita acuidade, Moacir Pereira confronta a ideologia em voga naquele Portugal tolhido pelo Santo Ofício, com o que se projeta no cenário brasileiro contemporâneo. Ponto de vista instigante a ser considerado pelos leitores.

Hipólito da Costa é aqui apresentado, bem jovem, convivendo com a intelectualidade na Inglaterra e na Filadélfia, então centro político efervescente da incipiente nação norte-americana. O seu ingresso na maçonaria e as novas ideias levaram-no aos tribunais da Inquisição Portuguesa. Nesse contexto o autor consegue identificar situações análogas ao atual cenário brasileiro, caracterizando perseguição e vingança. A imprensa e a escravidão também são temas em análise. Desde Londres, Hipólito escrevia longe das pressões portuguesas. Para o diplomata e historiador Manuel de Oliveira Lima, o "único jornal periódico português do tempo que podia manifestar independência, porque se editava fora dos domínios reais e tinha à sua frente um homem de espírito desassombrado e clarividente, constitui o melhor, senão o exclusivo repositório das falhas administrativas brasileiras. O jornalista catava-as escrupulosamente para expô-las à luz da publicidade".

O historiador e diplomata Francisco Adolfo de Varnhagen ocupou-se do papel do *Correio Braziliense* na história nacional, afirmando: "Talvez nunca o Brasil tirou da imprensa mais benefícios dos que os que lhe foram oferecidos nessa publicação. Hipólito da Costa previa com muita antecipação as probabilidades de separação dos dois reinos e, por sua parte, contribuiu indiretamente muito para a conservação da unidade brasileira".

A organização de um governo institucional para o Brasil foi tema frequente nas edições do *Correio*. Em alusão ao movimento separatista de 1817 em Pernambuco, na edição de julho daquele ano, publicou: "Este acontecimento desastroso, como é, em dois sentidos, produzirá, contudo, um efeito benéfico, e é, o de demonstrar ao povo do Brasil que as reformas nunca se devem procurar por meios impostos, quais são os da oposição de força ao governo e efusão de sangue". Renegava a violência simbolizada na Revolução Francesa.

No *Correio* de agosto de 1809, advertia: "Não quero, pois, entender, de forma alguma, por governo popular a entrega da autoridade suprema nas mãos da população ignorante, porque isto é o que constitui verdadeiramente a anarquia, e nesta se deve cair necessariamente todas as vezes em que o vigor e o entusiasmo do povo excedem a energia e o talento dos que governam".

Na questão do trabalho servil, tema em evidência na época, manifestou-se Hipólito da Costa: “É ideia constante querer uma nação ser livre e, se a consegue ser, blasonar em toda parte e em todos os tempos de sua liberdade, e manter em si a escravatura, isto é, o idêntico costume oposto à liberdade”. Enuncia um dilema: “Seria a desesperada medida de um louco destruir de uma vez a escravatura, quando ela, além de constituir parte da propriedade do país, está também ligada ao atual sistema da sociedade tal qual se acha constituída”. Conclui: “A maior parte de nossos sentimentos e das nossas ações depende dos acidentes da nossa educação, e um homem educado como escravo não pode deixar de olhar para o despotismo como uma ordem de coisas naturais... Que se habitua a olhar para o ser inferior como escravo, acostuma-se também a ter um superior que o trata como escravo”.

Aos 28 anos de idade Hipólito da Costa foi encarcerado pela Inquisição em Portugal, depois de permanecer dois anos na América do Norte onde ingressou na Loja Maçônica da Filadélfia, regressara a Europa, sabendo muito sobre o sentimento que moldava as consciências dos recém-independentes no Novo Mundo. Prisioneiro, o Bacharel em Direito e Filosofia pela Universidade de Coimbra, defendeu-se perante um tribunal, do Santo Ofício, que não tinha ouvidos. Após três anos de prisão, conseguiu evadir-se com o auxílio dos “pedreiros livres” de Lisboa e a acolhida dos maçons ingleses. Exilado em Londres, escreveu o texto dogmático *Narrativa da Perseguição,* relato histórico, objeto do presente estudo sobre os ideais de um patrício visionário, construtor de ideias que vieram até a nossa geração e alcançarão as futuras.

Este livro, fruto do talento de Moacir Pereira, contribui para ampliar o conhecimento da identidade brasileira. A sua leitura, nestes tempos de turbulência, desarrumação e desencontros, no seio da inteligência nacional, sugere muita reflexão sobre os preceitos constitucionais ameaçados e o equilíbrio dos poderes da República para que a harmonia e o primado da democracia prevaleçam.

(*) Jali Meirinho é historiador, Sócio Benemérito do Instituto Histórico e Geográfico de Santa Catarina, Benfeitor do Instituto Histórico e Geográfico Brasileiro e membro da Academia Catarinense de Letras, Cadeira 30

Sumário

Introdução

"O que mais nos surpreende no *Correio Braziliense* é a extrema variedade de temas que o compõem e a extensão de cultura que nele revela Hipólito da Costa. Conhece e discute tudo, desde a questão do tráfico e da escravidão até o problema da mudança da capital do Brasil. Mesmo em paralelo com os periódicos que surgem no Brasil, é o melhor informado de todos eles, o que melhor conhece e discute os problemas brasileiros".

Barbosa Lima Sobrinho (Antologia do *Correio Braziliense*)

O jornalista Hipólito da Costa Pereira Furtado de Mendonça é mais conhecido pelas homenagens que vem recebendo no Brasil nas últimas décadas, especialmente após o título de "Patrono da Imprensa Brasileira". É o reconhecimento por seu esforço de criar e desenvolver um jornalismo visionário, na histórica luta pela Independência do Brasil, por sua inteligente campanha libertadora plantada na distante Inglaterra, por seu ideário avançado e vanguardista e pela interligação produtiva entre Brasil, Portugal, Inglaterra e Europa, num dos períodos mais cruciais da identidade nacional.

Ainda muito jovem, depois de primorosa formação na Universidade de Coimbra, recebeu missão internacional nos Estados Unidos. Produziu um documento extraordinário, fruto de seus contatos com os principais atores da jovem nação americana, todos eles ativos participantes do revolucionário processo de Independência.

Estas ricas experiências vividas na América do Norte permitiram desenvolver um jornalismo de conteúdo científico. Suas anotações encontram-se no livro *Diário de minha viagem à Filadélfia / 1798-1799*, cuja edição brasileira teve prefácio escrito pelo excepcional advogado e jurista emérito Alceu Amoroso Lima.

Com acesso e prestígio nas Cortes de Lisboa, recebeu uma segunda delegação em 1802 para viagem oficial à Inglaterra, incumbido de adquirir material tipográfico para a Imprensa Oficial e de livros para a Biblioteca Real. Nessa viagem, cumpriu missão secreta em nome da maçonaria, instituição em que foi iniciado em 12 de março de 1799, na Loja George Washington, visando maior intercâmbio com a maçonaria inglesa.

Quando retornou a Portugal, iniciou seu calvário. Foi preso pelo chefe de polícia Pina Manique, sob a acusação de ser um maçom, e entregue ao Tribunal da Inquisição.

Dando aval ao abuso de autoridade, o ministro José Anastásio Lopes Cardoso, considerado um carreirista fisiológico, autorizou as maiores arbitrariedades.

Durante três anos, Hipólito da Costa sofreu todo tipo de tortura, submetido a atos desumanos e ultrajantes em prisão secreta, subtraídos todos os seus direitos.

Consenso entre os historiadores. No dia em que Hipólito da Costa foi preso, ele não sabia nem o porquê, nem sequer por qual jurisdição seria julgado, se a secular ou a eclesiástica.

São impressionantes as semelhanças entre os fatos trágicos ocorridos no início do século XIX, tendo Hipólito da Costa como personagem central e alvo principal; e 2022, o ano do Bicentenário da Independência do Brasil, com o "ativismo judicial" de ministros do Supremo Tribunal Federal e a chamada "ditadura da toga", imposta pelos ministros Alexandre de Moraes, sobretudo quando na presidência do Tribunal Superior Eleitoral, e Luiz Roberto Barroso, agindo com notória parcialidade.

Ignorando totalmente dispositivos da Constituição Federal e gerando um clima inédito de insegurança jurídica e instabilidade política em todo o Brasil, o Sr. Alexandre de Moraes praticou uma sucessão de atos inconstitucionais, com motivação ideológica e partidária. A maioria deles com decisões monocráticas, portanto, sem o respaldo dos respectivos colegiados.

Nas violências praticadas contra Hipólito da Costa, o Tribunal da Inquisição se sobrepôs ao Tribunal da Relação, quer dizer, a subversão da ordem jurídica e a degradação do Poder Judiciário de Portugal, com a supremacia do interesse religioso sobre os direitos individuais e os mais sagrados princípios de justiça.

Nos descaminhos de ministros em Brasília, 200 anos depois, a censura prévia à imprensa, a prisão arbitrária de parlamentares e jornalistas, as operações de busca e apreensão sem fundamento, a desmonetização de sites e blogues, o bloqueio das redes sociais, a aplicação de multas milionárias a veículos de imprensa, as ações de apreensão contra empresários conservadores e – suprema violência – a quebra total do sigilo de forma genérica contra a cidadania.

Tudo, na prática, abrindo um gigantesco precedente que resultou no cancelamento do direito à privacidade dos brasileiros, para sepultar a prevalência do Estado de Direito.

O notável jurista Ives Gandra Martins, um dos maiores constitucionalistas do Brasil, intérprete maior dos impasses jurídicos e defensor intransigente dos direitos, liberdades, garantias individuais e da liberdade de expressão e de imprensa, posicionou-se várias vezes contra as decisões do ministro Alexandre de Moraes, denunciando-as como flagrantemente inconstitucionais. Como tantos outros juristas, pregou no deserto.

A liberdade de expressão foi totalmente destruída no Brasil – afirmou em entrevistas várias vezes o venerável professor. E enfatizou que os alvejados pelo ministro Alexandre de Moraes – políticos, jornalistas, parlamentares e empresários – não tinham foro privilegiado e, portanto, se fosse o caso de serem processados, a ação competente deveria tramitar nas instâncias superiores. À exceção dos parlamentares federais, que detém foro privilegiado e devem ser processados apenas no STF, os empresários, os profissionais liberais, os jornalistas e os internautas atingidos pelos atos do ministro teriam que, pela Constituição Federal, responder por suas ações e opiniões na primeira instância.

O mestre Ives Gandra acrescenta: "O Supremo Tribunal Federal, por estes atos, cerceando a liberdade de expressão, uma das grandes conquistas do constituinte, está negando a Constituição, e dele discordo. Estamos tendo um cerceamento de defesa dos atingidos, fazendo com que a Democracia seja não o que os constituintes decidiram – participei lá e sei –, mas um novo regime com uma nova doutrina e nova Constituição, uma reformulação do que os constituintes decidiram."

As principais críticas as arbitrariedades do ministro do STF, assinadas por juristas, professores, renovados advogados e constitucionalistas destacavam que Alexandre de Moraes ignorava a iniciativa das ações penais, privativas do Ministério Público; que ele determinava as medidas restritivas, sem ouvir outras instituições, ele mesmo mandava investigar, acusava e julgava as vítimas. Muito mais grave: dezenas dos cidadãos alcançados pelas medidas não sabiam do conteúdo das acusações.

Quando Hipólito da Costa recebeu a "visita" de um corregedor do crime com a ordem de apreender documentos em sua casa e localizar alguma insígnia maçônica e conduzi-lo preso incomunicável, iniciava-se um período de completa desordem e de tumulto no sistema de justiça em Portugal. A começar pela constatação de que a ordem de prisão partira do intendente-geral da polícia em forma de um simples bilhete. Sem processo formal, sem prévio direito à defesa, sem investigação que justificasse a prisão arbitrária.

* * *

No Brasil de 2022, todos os políticos, empresários, jornalistas, profissionais liberais e influenciadores digitais alcançados pelas flagrantes ilegalidades, na maioria dos atos do ministro Alexandre de Moraes, sofreram graves lesões em seus direitos, sem que seus advogados soubessem ao menos o número do processo, o conteúdo das ações para a indispensável defesa. Portanto, impossibilitados de cumprir o dever profissional e legal da ampla defesa dos acusados.

Durante três anos, Hipólito da Costa sofreu maus-tratos nos calabouços de Lisboa, conseguindo realizar espetacular fuga com o auxílio da maçonaria, em ação que teve a intervenção dos pedreiros livres da Inglaterra.

Na Corte britânica, contou com o respaldo do seu amigo maçom, o Duque de Sussex, filho do rei Jorge III, que o apresentou à nobre sociedade inglesa. Em junho de 1808, em Londres, na tipografia do Sr. W. Lewis, na rua Paternoster-Row, começou a circular o seu maior legado, o *Correio Braziliense*, reconhecido como o primeiro jornal brasileiro.

Em 1811, escreveu o livro *Narrativa da Perseguição*, reeditado durante as comemorações do bicentenário do seu nascimento, documento cujo conteúdo impressiona do início do fim pelo estilo primoroso, pelos relatos circunstanciados e pelos detalhes históricos do trágico processo.

É, principalmente, sobre o precioso documento histórico, *Narrativa da Perseguição*, que se constrói este livro.

Para contextualizar a monumental figura de Hipólito da Costa, dá-se ênfase ao resgate histórico de seu papel no jornalismo e na Independência do Brasil, traça-se um perfil biográfico, destaca-se seu excepcional ideário liberal na defesa de teses inovadoras, toda a trajetória como fundador e principal redator do *Correio Braziliense*, resumida análise dos dois principais estudos e, sobretudo, a *Narrativa da Perseguição*.

Hipólito da Costa: Resgate Histórico

"O principal mérito atribuído ao jornalista Hipólito José da Costa Pereira consiste na sua atuação como editor do mensário *Correio Braziliense* (1808-1822). Trata-se de publicação essencialmente política, mas que abriu espaço para a informação de natureza científica e cultural, quase sempre divulgando fatos e ideias gerados na Europa e considerados relevantes pelo jornalista para aplicação no Brasil."

José Marques de Melo (*Hipólito da Costa,* Metodista)

Ao contrário do que ocorreu em 1922, por ocasião do centenário da Independência do Brasil, marcado por incontáveis eventos artísticos, culturais, inaugurações de obras históricas no Rio de Janeiro, em São Paulo e outros estados, as comemorações dos 200 anos em 2022 foram mais vibrantes e impactantes nas instituições militares e culturais.

Na antiga Capital da República, por exemplo, realizou-se a Exposição Internacional que daria grande visibilidade ao gesto histórico de D. Pedro I. O melhor exemplo do significado dos 100 anos está na decisão do governo francês de construir uma réplica do "Petit Trianon", na avenida Presidente Wilson, centro histórico do Rio de Janeiro, prédio estiloso doado no ano seguinte para a Academia Brasileira de Letras.

Em Santa Catarina, os mais importantes eventos comemorativos tiveram o patrocínio das instituições militares. E foram restritos às promoções do governo do estado e das prefeituras municipais. Entre as razões das pobres celebrações, a coincidência do Sete de Setembro com a campanha eleitoral para as eleições majoritárias, de presidente, governadores, senadores e deputados federais e estaduais.

Ao que parece, as autoridades e os parlamentares em geral estavam mais voltados para o seu futuro político do que preocupados em acender nas novas gerações o verdadeiro espírito e o significado da Independência do Brasil.

As entidades ligadas ao jornalismo e à comunicação silenciaram completamente, tanto na esfera universitária como no âmbito institucional e sindical. Fato realmente estranho, considerando-se que o resgate da atuação destacada de Hipólito da Costa no processo de independência começou há bem pouco tempo. Para se ter uma ideia dos lapsos de memória e até dos equívocos históricos, o Dia da Imprensa Brasileira foi comemorado desde o governo Getúlio Vargas em 10 de setembro, recordando a circulação do jornal *Gazeta do Rio de Janeiro*, que era um veículo oficial patrocinado pelas Cortes de Lisboa, instaladas no Brasil, circulando a partir de 1808, com atos oficiais.

A mudança aconteceu com o projeto do deputado federal Nelson Marchezan, do Rio Grande do Sul, transformado na lei 9.831/99 pelo Presidente Fernando Henrique Cardoso, instituindo o 1º de junho como o "Dia Nacional da Imprensa", justamente a data de veiculação em Londres do *Correio Braziliense*, também em 1808. Marchezan havia acolhido a proposta de mudança feita pela Associação Riograndense de Imprensa (ARI). A figura do "Patrono da Imprensa" ganhou nova relevância com a sanção, pelo vice-presidente da República, José Alencar, no exercício da Presidência, sancionando projeto de lei que inscreveu o nome de Hipólito José da Costa Pereira Furtado de Mendonça no "Livro dos Heróis da Pátria". Uma distinção que se materializou no livro depositado no Panteão da Pátria Tancredo Neves, na Praça dos Três Poderes, em Brasília.

Dessa forma, os profissionais de imprensa celebram o Dia do Jornalista em 7 de abril, o Dia Internacional pela Liberdade de Imprensa em 3 de maio e o Dia da Imprensa Brasileira em 1º de junho.

* * *

A Academia Catarinense de Letras (ACL) promoveu no dia 29 de agosto de 2022 o evento denominado "Conversas Culturais", tendo por título "Bicentenário da Independência: Processo, Imprensa e Personagens".

Coube ao presidente da ACL, Salomão Antônio Ribas Junior, fazer uma avaliação sobre todo o processo da Independência, em seus diferentes aspectos históricos. O acadêmico e historiador Jali Meirinho completou a explanação com avaliações sobre o valor histórico da obra de Hipólito da Costa, lembrando que o Instituto Histórico e Geográfico de Santa Catarina possuía exemplares do *Correio Braziliense* em seu acervo, acessível à consulta de pesquisadores, estudantes e historiadores.

O ilustre professor analisou, também, as comemorações em Santa Catarina do sesquicentenário da Independência do Brasil, em 1972. Rememorou a criação da Capitania de Santa Catarina em 1839, quando as Cortes Portuguesa ainda exploravam a madeira, a cana-de-açúcar e as riquezas mineras. Posteriormente, as terras do Sul, onde se situa Santa Catarina, com a posição geográfica privilegiada da Ilha, mencionada nas cartas marítimas, e objeto da presença de espanhóis, franceses e ingleses.

O professor Jali Meirinho destacou a importância do porto na Ilha de Santa Catarina, em especial, dos navios que vinham da Europa em direção ao rio da Prata.

Foi por este fato que o brigadeiro José da Silva Paes implantou esta formidável linha de defesa, com os fortes que até hoje sobrevivem com sua presença na capital catarinense.

Relatou que em Portugal atuava o brasileiro Alexandre de Gusmão, que muitos têm como irmão da Beata Joana de Gusmão que aqui edificou o Hospital de Caridade. Ele ocupava o cargo de secretário do rei D. João. E foi a presença desse brasileiro que ressaltou o desenvolvimento da Região Sul do Brasil.

Isso foi fundamental para que Santa Catarina ganhasse posição de destaque na organização geopolítica do Brasil e chegasse à Independência com a Capitania já organizada e com a representação do quadro político e administrativo.

Já em 1821, Portugal convoca a representação das Províncias Brasileiras. Santa Catarina será representada pelo padre Lourenço de Andrade, capelão de Santo Antônio de Lisboa, que vai ser conduzido a Portugal para participar do processo de aproximação da Colônia.

Meirinho concluiu citando duas obras importantes na historiografia catarinense. Em 1972, lançou-se um concurso para que historiadores pesquisassem e publicassem textos sobre o papel de Santa Catarina na Independência. Patrocinado pelo governo do estado o certame teve 38 concorrentes. Saiu vitorioso o médico e escritor Aujor Vieira da Luz, com a obra *Santa Catarina na Independência*, publicada cinco anos depois pela Academia Catarinense de Medicina, em sua revista *Arquivos Catarinenses*.

Estranhou-se que o famoso historiador Oswaldo Rodrigues Cabral não tivesse participado do concurso. Mas, foi ele o autor do prefácio do livro do colega médico e escritor.

Aujor Ávila Luz também deixou inédito o livro *História de Santa Catarina nos séculos XVI e XVIII*, obra revista e organizada pelo historiador Carlos Humberto Corrêa e publicada em 1977. Ele abordou de uma abrangência geral, a partir da Europa e Portugal, o primeiro quartel do século XIX e como as ideias liberais estavam prosperando na Europa. Procura explicar as origens das correntes políticas que evoluíam no Brasil. O livro foi escrito com farta documentação. O valor maior está em relação a uma memória de João Bittencourt Pereira Machado de Souza, um documento inédito encontrado nos arquivos do Instituto Histórico e Geográfico Brasileiro. Este histórico trabalho de Aujor Luz está a merecer uma reedição em Santa Catarina.

Depois disso, o historiador Oswaldo Rodrigues Cabral retomou o tema, revendo sua posição, escrevendo a *História de Santa Catarina*, em quatro volumes, um deles *A História de Santa Catarina e a Independência do Brasil*. É um trabalho magistral, chancelado pelo governo do estado e pela Universidade Federal de Santa Catarina.

Honrado com o convite para compor o evento da ACL, na minha fala procurei analisar os principais personagens e os que mais influenciaram a Proclamação da Independência, com destaque para Hipólito da Costa, o Patrono da Imprensa Brasileira e visionário brasileiro a defender o 7 de Setembro em Londres com uma pregação inédita, liberal e avançada para seu tempo.

Das pesquisas e leituras realizadas durante anos e atualizadas em 2022 ficou, em primeiro lugar, a convicção de que o processo que culminou na Proclamação da Independência do Brasil contou com vários personagens que tiveram seus nomes destacados na História.

Mas pelo menos três deles foram decisivos nos incentivos e convencimento final de D. Pedro I. Foram eles:

1 – A Princesa Maria Leopoldina da Áustria. Com uma formação requintada, próprio da Casa de Habsburgo, da Áustria, veio para o Brasil muito jovem, fruto de um casamento por interesse político, o que era comum na época, formalizado na capital austríaca por procuração, com o príncipe representado pelo embaixador Marialva.

O pesquisador Paulo Rezzutti destaca na excelente biografia sobre a imperatriz, entre outras passagens: "D. Leopoldina ajudou a escrever nossa história política. Em 1822, ela desrespeitou as ordens das cortes constitucionais portuguesas e declarou o 'Fico' antes de D. Pedro, com uma visão muito mais astuta que a do marido: a imperatriz tinha certeza de que, se saíssem do Brasil como os políticos portugueses desejavam, não só Portugal perderia o domínio do Brasil, como provavelmente haveria uma guerra civil aqui".

2 – José Bonifácio de Andrada e Silva. Paulista de Santos, o "Patriarca da Independência" era um homem muito acima e além de seu tempo, com uma excepcional formação e experiência política excepcional para seu tempo. Teve formação em Estudos Jurídicos pela Universidade de Coimbra e, portanto, conheceu muito bem o pensamento da elite e do povo português. Homem com extraordinário índice de leitura, que conhecia como poucos o iluminismo, não só pela convivência com pensadores europeus e americanos, mas pela larga experiência de trinta anos em missões especiais na Europa. Defensor do liberalismo tinha posições políticas muito claras. Entre outras bandeiras, colocava-se contra a escravidão já no início dos anos de 1800, mas a libertação dos escravizados só viria a se concretizar quase no final do século 19. E, como coerente abolicionista, libertou todos os escravos de sua propriedade, o sítio de Outeirinhos, em 1820. Lutou pela independência brasileira para todos os brasileiros, incluindo os indígenas. Era defensor da reforma agrária e preconizava a extinção dos latifúndios improdutivos. Tinha posição contrária a manutenção do analfabetismo, defendendo a educação primária para todos. Para a maioria dos historiadores, José Bonifácio foi o cidadão mais influente de sua época e transformou toda a sua teoria em realidade, beneficiando o Brasil e os brasileiros.

3 – Hipólito José da Costa Pereira Furtado de Mendonça. Proclamado o Patrono da Imprensa Brasileira, teve uma notável atuação na triangulação entre as notícias e as questões políticas envolvendo o Brasil, Portugal e a Inglaterra, numa condição única de protegido da Maçonaria e do Duque de Sussex. Com traços biográficos e uma atuação igualmente singular, cumpriu missão oficial da Coroa de Portugal nos Estados Unidos, sofreu prisão injusta da Inquisição Portuguesa, conseguiu fugir com o apoio das autoridades maçônicas e, já em Londres, montou a mais qualificada campanha pela independência do Brasil. Nascido em Colônia do Sacramento em 1774, então pertencente a Portugal, mudou-se três anos depois com a família para Pelotas, no Rio Grande do Sul. Viajou para Portugal, onde se formou em Filosofia e Matemática, em Coimbra, com apenas 24 anos de idade.

Escreveu um relato memorável com dados sobre a viagem aos Estados Unidos, quando se entrevistou com George Washington, Thomas Jefferson e John Adams, os chamados "pais da pátria". Experiência única na época, que certamente consolidou seu ideário liberal e a crença sobre a independência do Brasil e a formação da nova nação, a partir das conquistas históricas dos norte-americanos.

Fruto da longa permanência escreveu *Diário de Minha Viagem para Filadélfia*, em que revela ter visitado sete universidades, 16 colégios e sessenta academias.

Hipólito da Costa foi um personagem que permaneceu ignorado durante séculos pela memória nacional. Somente a partir de meados do século 20 é que surgiram biografias sólidas sobre sua extraordinária contribuição à Independência do Brasil. Ele fez, de forma consistente e permanente, a ligação entre a Inglaterra e o Brasil, entre Portugal e o Brasil e entre a Inglaterra e Portugal, sempre voltado para os interesses maiores de sua pátria.

Somente há cerca de sete décadas foram publicados os primeiros livros marcantes sobre a vida e a obra de Hipólito da Costa.

Atribui-se a Carlos Rizzini o primeiro clássico sobre a história da imprensa, com referências especiais a Hipólito da Costa em *O Livro, o Jornal e a Tipografia no Brasil*, lançado em 1945, no Rio de Janeiro, pela Livraria Kosmos Editora.

Já o escritor paraense Mecenas Dourado, numa publicação de 1957, com selo da Biblioteca do Exército, traça um perfil biográfico inédito, sob o título *Hipólito da Costa e o Correio Braziliense*. Ali o precursor da Independência ganha um capítulo especial, como "Fundador da Imprensa Brasileira".

No ano seguinte surgiu outra obra de referência biográfica, de autoria de Carlos Rizzini. Título: *Hipólito da Costa e o Correio Braziliense*, publicado em São Paulo pela Cia. Ed. Nacional.

Outro livro de cabeceira dos estudiosos da imprensa no Brasil tem a assinatura do professor e pesquisador Nelson Werneck Sodré em seu livro *História da Imprensa no Brasil*, de 1966, publicado pela Civilização Brasileira.

O ex-presidente da Associação Brasileira de Imprensa, Barbosa Lima Sobrinho, iria editar em 1977 outra obra marcante: *Antologia do Correio Braziliense*, sob os auspícios do Ministério da Educação e Cultura.

Nas décadas seguintes, vários estudos, dissertações de mestrado e novas publicações surgiram nas Universidades e por iniciativa de várias instituições. A mais recente teve o patrocínio da Câmara Federal, com um verdadeiro documento histórico, comemorativo do Bicentenário da Independência, lançado em Brasília, em 2022, sob o título *A Imprensa no Processo de Independência*.

Entre as publicações impressas e digitais mencionadas pela loja *on-line* "amazon.com.br" e que tratam de Hipólito da Costa, há pelo menos 58 títulos diferentes.

E por qual motivo o Patrono da Imprensa intitulou o jornal pioneiro, independente e patriótico de "Braziliense"? Hipólito justificava: "Chamamos Braziliense, o natural do Brasil; Brasileiro, o português europeu ou o estrangeiro que lá vai negociar ou estabelecer-se..."

Um Perfil Biográfico

"Hipólito José da Costa considerava a escravidão um ato desumano e bárbaro. Esse posicionamento, em relação à escravidão, encontra-se registrado, no seu jornal, a partir de março 1814, anos antes da abolição dos escravos ocorrer no Brasil. O dia 13 de maio, que marcou oficialmente, em 1888, o final da escravidão, em nosso país, ocorreu sem um projeto de inclusão social para uma grande parcela da população."

Carlos Roberto Saraiva da Costa Leite (Observatório da Imprensa)

Durante as comemorações do Bicentenário da Independência do Brasil inúmeras publicações destacaram os principais traços da rica biografia do jornalista Hipólito da Costa. Jornais impressos, portais na internet e vários livros traçaram os mais diferentes perfis do Patrono da Imprensa Brasileira.

No Rio Grande do Sul, a Associação Riograndense de Imprensa, a Faculdade dos Meios de Comunicação Social (Famecos) da PUC e o Sindicato dos Jornalistas há décadas que já vinham destacando o papel de Hipólito da Costa na fundação da imprensa nacional e na luta pela Independência.

Esta mobilização permanente resultou, entre centenas de eventos e promoções acadêmicas, culturais e corporativas, na fundação do Museu da Comunicação Hipólito da Costa.

Sua criação deve-se à iniciativa do jornalista Sérgio Roberto Dillenburg, materializada em 17 de outubro de 1973. Em 10 de setembro de 1974, a Secretaria de Educação e Cultura do governo gaúcho criava o Museu da Comunicação Social, logo em seguida com o nome do Patrono da Imprensa Brasileira.

Hoje, representa um dos principais centros de pesquisa sobre a história da imprensa brasileira, do Rio Grande do Sul e da própria história nacional. O arquivo inicial foi constituído de coleções e exemplares variados de jornais e outras publicações, procedentes do Arquivo Histórico, da Biblioteca Pública e do Museu Júlio de Castilhos.

Ao longo dos anos, foi sendo enriquecido com documentos e obras que representam uma retrospectiva educativa sobre a evolução da comunicação social. Atualmente, conta com coleções completas de jornais e revistas, reunindo cerca de oito mil títulos, a partir de 1827. Apresenta um acervo considerável relacionado à imagem e ao som, com fotografias, filmes e fatos sobre a história do rádio e da televisão, assim como da publicidade e da propaganda.

O Museu funciona no centro de Porto Alegre, na rua dos Andradas, em prédio histórico tombado pelo Iphan. O acervo sobre o homenageado é considerado um dos mais preciosos existentes no Brasil. Um dos resumos biográficos sobre Hipólito da Costa tem a assinatura de uma instituição gaúcha: a revista *Press*, da Athos Editora, uma organização especializada em serviços de mídia em todo o Brasil.

Artigo publicado em 30 de novembro de 2022, sob o título "Hipólito da Costa – O Pai da Imprensa Brasileira" destaca:

"O dia 1º de junho de 1808 é um marco para a imprensa brasileira. Nesta data, há 214 anos, começou a circular o primeiro jornal brasileiro, o *Correio Braziliense*. Impresso em Londres, para fugir à censura imposta pela Coroa Portuguesa, que proibia tipografias no Brasil, o veículo foi fruto do trabalho de um dos mais ativos intelectuais brasileiros da época: o diplomata Hipólito José da Costa, patrono da imprensa nacional.

Nascido em 13 de agosto de 1774, na Colônia do Sacramento, hoje Uruguai, Hipólito José da Costa Pereira Furtado de Mendonça era filho do alferes de ordenanças Félix da Costa Furtado de Mendonça e Ana Josefa Pereira. A cidade em que nasceu, às margens do Rio da Prata, defronte a Buenos Aires, foi uma zona de tensão, pertencendo, durante muito tempo, ora a Portugal, ora a Espanha. Em 1777, três anos após o nascimento de Hipólito, era assinado o Tratado de Santo Ildefonso, pelo qual os portugueses tiveram que abandonar em definitivo aquela região. A família de Hipólito mudou-se, juntamente com outros retirantes, para a região de Pelotas, no Rio Grande do Sul. Mais tarde, ele viveria também em Porto Alegre.

Aos 19 anos, Hipólito matriculou-se na Universidade de Coimbra, em Portugal, vindo a graduar-se em Direito, Filosofia e Matemática, em 1798. Seu talento chamou a atenção do então Secretário dos Negócios do Ultramar, Rodrigo de Souza Coutinho. Logo após formar-se, aos 24 anos, ele foi enviado para os recém-independentes Estados Unidos da América como servidor do reino de Portugal. Sua missão tinha caráter econômico e científico. Ele deveria obter informações sobre as culturas e as técnicas de cultivo agrícolas, especialmente do tabaco e do linho cânhamo, observar instrumentos e técnicas de manufatura, bem como obter sementes e mudas de espécimes vegetais americanos para serem aclimatadas nas colônias portuguesas. Entre estas, a cultura da planta mais propícia para a criação do inseto cochonilha, muito requisitado na Europa como matéria-prima para fabricação de tintas.

Hipólito partiu de Lisboa em 1798 e, durante cerca de dois anos, viajou pelos Estados Unidos, de norte a sul, percorrendo vários estados e chegando até o México. O diário de suas viagens, publicado apenas em 1955 sob o nome de *Diário de Viagem à Filadélfia*, revela seu olhar sobre a sociedade norte-americana. Descreveu as cidades por onde passou e os hábitos e costumes de seus habitantes, transitou pelos círculos diplomáticos e frequentou vários eventos socioculturais, visitou presídios e universidades e manteve contato com estudiosos das ciências naturais. Um grande surto de febre amarela, ocorrido na região de Washington, alertou Hipólito para as causas da doença e as condições sanitárias da cidade. Também ficou muito interessado pelo funcionamento das instituições democráticas dos Estados Unidos.

Durante sua estada na América do Norte, as numerosas lojas maçônicas chamaram sua atenção e ele acabou por filiar-se à maçonaria na Filadélfia, o que marcaria muito sua vida. Voltando a Portugal, Hipólito passou a integrar o grupo de brasileiros que trabalhava na Tipografia do Arco do Cego, onde realizou trabalhos de tradução. Quando o Arco do Cego foi extinto e seu acervo integrado à Imprensa Régia, Hipólito foi nomeado membro da Junta que passou a gerir a instituição.

Em 1802, Rodrigo de Souza enviou Hipólito a Londres a fim de adquirir livros para a Biblioteca Pública e maquinário para a Imprensa Régia. Na Inglaterra, ele acabaria por envolver-se com as lojas maçônicas inglesas, junto às quais procurava obter proteção para suas congêneres portuguesas. As notícias das atividades de Hipólito junto à maçonaria inglesa logo chegaram a Portugal, onde a maçonaria era criminalizada. Embora avisado de que seria preso ao colocar os pés em Lisboa, Hipólito voltou. Foi encarcerado e respondeu a processo junto ao tribunal da Inquisição. Acabou por fugir da prisão em 1805, voltando à Inglaterra, onde passaria o resto da vida. Lá, viveria sob a proteção do príncipe Augusto Frederico, duque de Sussex, o sexto filho de Jorge III do Reino Unido e grão-mestre da maçonaria inglesa, que lhe conseguiu a concessão da cidadania inglesa através da aquisição de ações do Banco da Escócia – o que lhe outorgava tal direito.

Nos primeiros três anos em Londres, Hipólito deu aulas de português, fez algumas traduções e colaborou com autores ingleses na edição de uma História de Portugal. Entre as traduções, destacam-se as versões em português dos trabalhos dos cientistas e naturalistas Benjamin Thompson e Benjamin Smith Barton. Em 1817, casou-se com a inglesa Mary Ann Troughton, com quem teve três filhos, além de já ter tido um filho com Mary Anne Lyons ou Symons.

Enquanto estava no exílio, Portugal e o resto da Europa passavam pelo turbilhão das guerras napoleônicas. Em 1807, Napoleão Bonaparte ordena a invasão de Portugal. Para não ser pego pelas tropas francesas, Dom João VI – que então ainda não era rei, mas príncipe regente – e toda a corte portuguesa fogem para o Brasil, onde instalam o governo dos territórios portugueses no Rio de Janeiro. A fim de informar seus compatriotas dos acontecimentos europeus, e contribuir para o desenvolvimento do Brasil, que se tornava sede do reino, Hipólito decide criar um jornal. Impresso em Londres, com circulação mensal, o *Correio Braziliense* seria o único jornal privado a circular no Brasil durante o período da Colônia, devido à censura e à falta de tipografias no País. A Coroa Portuguesa chegaria a criar, em setembro de 1808, a *Gazeta do Rio de Janeiro*, mas ela funcionava como um Diário Oficial da corte.

O *Correio Braziliense* era um jornal moderno e liberal para os padrões da época. Porém, era essencialmente opinativo, de argumentação, doutrinário. Poucas eram as notícias e notas estritamente dentro do conceito de jornalismo informativo. Hipólito foi crítico da administração do governo português. Censurava a inércia dos ministros e a corrupção, mas sempre procurou poupar a figura do soberano.

O público do *Correio* era restrito, cerca de 500 assinantes. O jornal tinha o formato de um livro, entre 40 e 100 páginas. Hipólito defendia a liberdade de imprensa, segundo o modelo liberal inglês. Difundia os avanços da ciência e novas ideias culturais e artísticas. Brasileiros e portugueses podiam acompanhar pelo *Correio* fatos internacionais, tomar conhecimento de teorias iluministas e de novos conceitos de economia. O fim da Inquisição, da escravatura e da censura era defendido por Hipólito da Costa. O jornal também publicava as cotações dos produtos brasileiros na bolsa de valores de Londres e por isso era essencial para o comércio da época.

O desconforto causado à Coroa Portuguesa pela publicação do periódico fez com que o governo português patrocinasse, à época, também em Londres, a publicação de periódicos em português contrários a Hipólito da Costa, a fim de diminuir sua influência. O mais duradouro foi *O Investigador Portuguez em Inglaterra*. Posteriormente, a partir de 1813, a Coroa viria a pagar mil libras esterlinas por ano (equivalentes a 500 assinaturas) a Hipólito, por meio de um amigo seu, Heliodoro Jacinto de Araújo Carneiro, o que teria abrandado o tom das críticas do jornalista.

A circulação do *Correio Braziliense* foi encerrada por Hipólito em dezembro de 1822, após a Independência, visto que já não fazia sentido editar um jornal no exterior com o país independente. Durante sua existência, foram produzidas 175 edições do jornal.

O historiador Nelson Werneck Sodré menciona no célebre livro *História da Imprensa no Brasil*, que Hipólito da Costa justificou-se de fazer no estrangeiro o seu jornal: 'Resolvi lançar esta publicação na capital inglesa dada a dificuldade de publicar obras periódicas no Brasil, já pela censura prévia, já pelos perigos a que os redatores se exporiam, falando livremente das ações dos homens poderosos'.

Prossegue Wernerck: 'O grande jornalista, depois de três anos nos calabouços da Inquisição, em Portugal, fugira e se asilara na Inglaterra. Era maçom, o que fez com que Pina Manique, o chefe de polícia de Dona Maria I, a Louca, determinasse a sua prisão. Nascido na colônia do Sacramento – na época, território do Brasil, hoje pertencente ao Uruguai – ele viveu em Londres de 1805 até sua morte, em 1823, aos 49 anos."

Credita-se a Hipólito da Costa a visão de preparar com o *Correio Brasiliense* durante anos seguidos o movimento de organização nacional, delineando sua teoria e mostrando sua prática, para isto apontando para os exemplos estrangeiros na América e indicando como deveriam ser apontados e tratados os vários problemas políticos e sociais. Não dissimulou o mais grave destes últimos, que era o da escravidão, cuja abolição muito recomendou.

Retoma Nelson Werneck Sodré: "O próprio jornalista deixaria entrever, ou expressaria claramente, as suas finalidades, nas matérias que divulgava. Em 1819, por exemplo: 'Ninguém tem atacado mais os defeitos da administração do Brasil do que o *Correio Brasiliense*. Começou este periódico há mais de onze anos só para esse fim, sendo acidentais as outras matérias e para isto se foram ajuntando nesta coleção todas as notícias oficiais pertencentes à época em que escrevemos, posto que nisso tenhamos tido grandes dificuldades, já porque escrevemos em país estrangeiro, mais distante do nosso, já porque escrevemos contra os defeitos da administração, todas as pessoas em autoridade, principalmente as em que se fala diretamente, devem ser inimigos desta obra e embaraçar-lhe os meios de obter informações autênticas'.

Hipólito José da Costa faleceu em 11 de setembro de 1823, em Londres, sem saber que havia sido nomeado Cônsul do Brasil na Inglaterra pelo imperador Dom Pedro I. Em 2001, seus restos mortais foram trasladados para Brasília, onde estão depositados nos jardins do Museu da Imprensa Nacional. Desde o ano 2000, o Dia Nacional da Imprensa no Brasil é comemorado em 1º de junho, quando foi publicado pela primeira vez o *Correio Braziliense*."

Os Ideais de um Visionário

"Hipólito da Costa justificou-se de fazer no estrangeiro o seu jornal: 'Resolvi lançar esta publicação na capital inglesa dada a dificuldade de publicar obras periódicas no Brasil, já pela censura prévia, já pelos perigos a que os redatores se exporiam, falando livremente das ações dos homens poderosos'."

Nelson Werneck Sodré (*História da Imprensa no Brasil*)

Um projeto inédito na história da comunicação social brasileira foi executado no início do século XXI, fruto de um convênio entre o Observatório da Imprensa, dirigido pelo falecido jornalista Alberto Dines, a Imprensa Oficial do Estado de São Paulo e o Instituto da Universidade Estadual de Campinas.

Foi impressa em edição fac-similar toda a coleção de 175 edições do *Correio Braziliense*, reunidas em 31 volumes. Cada edição contou com 500 exemplares, colocados à venda para o público em geral.

O volume XXX da coleção contou com um estudo – inédito no Brasil – de autoria do jornalista português João Pedro Rosa Ferreira, mestre em História Cultural e Política pela Faculdade de Ciências Sociais e Humanidade e investigador da Universidade Nova de Lisboa. Também editor do jornal *Correio da Manhã*, até hoje o diário de maior circulação em Portugal, o autor descreveu "O Pensamento Político de Hipólito da Costa".

Ferreira começa por destacar que "Hipólito da Costa (1774-1823) foi o redator do primeiro periódico liberal de língua portuguesa, o *Correio Braziliense*, e considerado o patriarca do jornalismo brasileiro. Exilado em Londres, desenvolveu no Correio um *corpus* doutrinal que culminou num Projeto de Constituição para o Brasil, tributário dos valores do modelo constitucional inglês."

A epígrafe sintetiza o pensamento liberal do fundador da imprensa nacional e do jornalista português, aqui transcrita por sua atualidade na trágica conjuntura política brasileira nas comemorações do Bicentenário da Independência, com a prevalência da Ditadura do Judiciário: "Em ser feliz é que consiste a verdadeira liberdade".

A seguir, os principais pontos do ideário de Hipólito da Costa. A ressaltar a impressionante atualidade de seus conceitos e das bandeiras que defendia, no comparativo com o período de censura, flagrantes desrespeitos da Constituição Federal do Brasil, praticados durante o ano de 2022 por ministros do Supremo Tribunal Federal e do Tribunal Superior Eleitoral.

Calamidade nacional se avaliada à luz do silêncio criminoso da grande imprensa brasileira, denominada de "velha mídia", omitindo-se vergonhosamente diante de arbitrariedades contra deputados, jornalistas e empresários.

Tragédia maior na constatação de que os flagrantes atentados contra a Carta Magna se repetiram com a indecorosa e perversa ausência do Senado Federal, que tem poderes para manter a equilíbrio dos Poderes contra a notória "Ditadura do Judiciário", fato único na História do Brasil.

Impressionam os textos de Hipólito da Costa, examinados à luz dos dias atuais brasileiros.

Estudiosos, pesquisadores e cientistas políticos atribuem boa parte das crises e das frustrações nacionais à Constituição Federal de 1988. Enumerou múltiplos direitos, sem estabelecer os respectivos deveres. E, sobretudo, é exageradamente detalhista, o que contraria dois exemplos históricos constituições permanentes, solidas e respeitadas.

Hipólito da Costa ensinava em agosto de 1822: "A Constituição deve unicamente conter as regras gerais por que se devem fazer as leis e os limites de poder naqueles que as devem executar. Tudo o mais é objeto de leis regulamentares que a experiência e as circunstâncias do tempo devem ir sugerindo pouco a pouco; do contrário é legislar em teoria, sem poder alcançar o que se precisará na prática".

A Maçonaria e a Inquisição Portuguesa – Hipólito José da Costa Pereira Furtado de Mendonça foi um homem de pensamento e ação. Defensor dos ideais de liberdade e progresso que o levaram a aderir à

Maçonaria, em Filadélfia, e a acamaradar com Francisco de Miranda e Simon Bolívar, em Londres, foi vítima do despotismo e sofreu o cárcere às mãos da Inquisição, em Lisboa, durante três anos, de 1802 a 1805. Na fuga da prisão do Santo Ofício foi ajudado pelo seu irmão maçom Augusto Frederico, duque de Sussex, filho do rei Jorge III de Inglaterra, que se tornou seu protetor durante o exílio em Londres, ao longo de 18 anos, até a morte de Hipólito da Costa, a 11 de setembro de 1823. Neste contexto, é natural que o redator do *Correio Braziliense* tenha adotado os valores do sistema constitucional inglês e o seu liberalismo tenha a marca da moderação, do gradualismo, como método preferencial de evolução política.

Ao longo dos seus 175 números, publicados ininterruptamente entre junho de 1808 e dezembro de 1822, o *Correio Braziliense* revela-se um órgão de difusão de uma ideologia – o liberalismo – tributária do iluminismo setecentista, corporizada no modelo parlamentar assente na separação e equilíbrio dos poderes e fundada no consentimento dos governados. Tal ideologia de emancipação fundamenta e vindica os interesses imediatos de um grupo social, a burguesia comercial, que o redator classifica como "a classe de cidadãos mais úteis ao governo e mais interessantes ao Estado do Brasil nas circunstâncias atuais". Ao mesmo tempo, em muitas edições do Correio é patente uma sensibilidade para com a situação das "classes inferiores" e a tônica colocada na possibilidade de "melhoramento" do seu estado, designadamente através da generalização do ensino, na linha do otimismo herdado das Luzes. Testemunham essa sensibilidade os repetidos anúncios a obras de pendor filantrópico publicados na seção "Literatura e Ciências" e o acompanhamento da polêmica sobre as 'Poor Laws' no Parlamento e na Imprensa britânicos. Exemplo dessa preocupação é a pormenorizada "Análise do folheto intitulado *A New Viewof Society*, ou Ensaio sobre o princípio da formação do caráter humano e da aplicação do princípio à prática, por um dos Juízes de Paz de S. M. no Condado de Lanark, Londres, 1813". Trata-se da célebre obra de Robert Owen, que Hipólito integra na corrente filantrópica, elogiando a sua proposta de reforma social através da reforma da educação. O interesse por este problema vinha de longe:

enquanto membro da Junta da Impressão Régia, em 1801, traduzira o filantropo e reformador Rumford.

O Primeiro Editorial – Se bem que alicerçada em princípios filosóficos coerentes, a preocupação primeira do *Correio* não era a elaboração de uma ideologia no sentido de um sistema teórico – a doutrina veiculada pelo periódico tinha uma dimensão fundamentalmente prática.

"O primeiro dever do homem em sociedade é ser útil aos membros dela, e cada um deve, segundo as suas forças físicas ou morais, administrar em benefício da mesma os conhecimentos ou talentos que a natureza, a arte, ou a educação lhe prestou. O indivíduo que abrange o bem geral de uma sociedade vem a ser o membro mais distinto dela: as luzes que ele espalha tiram das trevas, ou da ilusão, aqueles que a ignorância precipitou no labirinto da apatia, da inépcia e do engano." – escreveu Hipólito da Costa na introdução ao primeiro número.

O que se pretendia era orientar de modo inequívoco a ação transformadora de um real bloqueado – o absolutismo monárquico opressor da sociedade luso-brasileira nas duas primeiras décadas do século XIX. O raciocínio subjacente era, neste aspecto, tributário da corrente utilitarista. Não foi fácil a tarefa do doutrinador. Por um lado, era confrontado com o conservadorismo dos "egoístas defensores do despotismo". Por outro lado, opunha-se-lhe o radicalismo apressadamente bebido em abstrações visionárias de um ordenamento absolutamente racional do real.

O Terror Jacobino – Hipólito da Costa procurou transmitir aos seus leitores a ideia de que esta última pretensão era inexequível, dada a manifesta impossibilidade de o império exclusivo da razão se afirmar perante as paixões que, humanamente, a submergem. Contemporâneo da Revolução francesa, Hipólito fora testemunha de como o "democratismo" conduzira ao Terror jacobino e à tirania napoleônica, cujo perigo foi uma ameaça real, durante os primeiros oito anos de publicação do *Correio*. O que estava ao alcance dos homens concretos era, nas próprias palavras do *Braziliense*, um "meio-termo", o "justo equilíbrio" entre atitudes extremas, a contrarrevolucionária e a radical. Procurava-se atingir o acessível: "Quando se trata do melhoramento de um governo, não é a sua bondade absoluta que se deve tomar em consideração; mas sim a sua bondade relativa, ou por outros termos, o grau de felicidade que a mudança pode trazer consigo."

Despotismo e Democracia Constitucional – "Não suponham que nós, notando defeitos no atual sistema, queremos, nem direta nem indiretamente, aprovar o sistema passado: esse era tão mau, que nada de mal que aconteça agora é capaz de o igualar... É claro que um Sistema de Governo Constitucional, ainda que mau, é preferível a um Sistema despótico aonde não há outra regra senão na vontade sempre variável do déspota ou déspotas que governam."

"É verdade que os homens de poucos ou nenhuns conhecimentos seguem a rotina de seus costumes: desta gente se compõe a maioridade em todas as nações. É também verdade que os homens iluminados acham muitas vezes que lhes é necessário seguir a corrente dos costumes da nação onde vivem, quer os aprovem, quer não. É igualmente certo que muitos legisladores iluminados têm feito leis, não em conformidade de suas ideias justas e aperfeiçoadas, mas em contemplação dos costumes dos povos para quem legislaram, e esta condescendência, quando bem regulada, tem merecido a aprovação dos sábios, pela óbvia razão de que nenhuma legislação, por mais perfeita que seja, pode existir, se estiver em direta oposição aos costumes dos povos a que é destinada. Ao diante desenvolveremos mais estas noções, mas estas condescendências dos homens sábios com os costumes da maioridade da nação não provam que se siga o hábito a despeito da razão: os rotineiros não são homens iluminados, seguem o costume porque mais não entendem, e os sábios conformam-se como costume, porque se não podem opor à multidão."

Constituição Garante Harmonia Social – No pensamento político de Hipólito da Costa, a noção de harmonia social funciona como pedra angular. A Constituição será o garante de que os diversos fatores concorrentes para essa harmonia poderão evoluir, livres dos constrangimentos de uma velha ordem antinatural, mas também sem as imposições de uma novíssima ordem que, por renegar toda a experiência historicamente acumulada, se torna objetivamente antissocial.

"Aqui temos, pois, como se combina a liberdade prática do indivíduo com a obediência às leis, e este acordo tão desejado, esta harmonia social garantida pela Constituição inglesa não foi o efeito de uma só lei minutada teoricamente no gabinete de um político: foi sim o resultado de muitas leis sucessivas que a experiência sugeriu pouco a pouco, e que um direito consuetudinário consolidou no espírito dos povos e arraigou na nação ao ponto de fazer já parte do carácter nacional."

"Lamentam alguns que nas Câmaras existam pessoas destes extremos opostos partidos, mas a essa mesma circunstância atribuímos nós os melhoramentos que se têm feito na legislação da França. As mais extravagantes opiniões, quando sustentadas por muitos indivíduos da nação, têm o direito de serem representadas e discutidas na legislatura. Se as opiniões extravagantes não acham este meio legal de se explicarem, procuram fazê-lo por outro modo, solapando o governo. Essas opiniões encontradas em público, refutadas de maneira legal, cessam de ser perigosas: todo o seu mal consiste em não serem conhecidas e rebatidas."

Aristocracia e Oligarquia – A especificidade da sociedade luso-brasileira, a sua estrutura socioeconômica e o peso de toda a sorte de condicionalismos materiais e mentais determinaram a proposta constitucional do *Correio Braziliense*. A mesma coisa não se pode dizer das propostas ideologicamente extremadas que caracterizaram os debates nas Cortes vintistas de Lisboa, nomeadamente a que mereceu a aprovação da maioria dos deputados em 1822. Qualquer proposta de reforma, para aspirar à exequibilidade, não podia ignorar o ônus dos grupos sociais privilegiados, designadamente a nobreza. A opinião de Hipólito da Costa sobre a "aristocracia rançosa" não podia ser mais negativa. Tratava-se, para ele, de uma "oligarquia degenerada", desprestigiada por séculos de egoísmo, corrupção e ignorância. O último gesto execrável dos nobres, ainda recente, fora a traição de Baiona, em 1808, quando uma delegação de Grandes do reino fora pedir a Napoleão que nomeasse um rei para Portugal.

Não obstante, havia que dar à nobreza uma representação condigna no sistema constitucional, congraçando-a na grande família nacional. As observações expendidas acerca da Constituição espanhola de Cádiz, restaurada em 1820 após a revolução liderada pelo general Rafael de Riego e que marcou o início do Triênio Liberal, valiam como um aviso para a iminente abertura da questão em Portugal: "Esta nobreza desprezada, e ao mesmo tempo conservada pela constituição, é um cancro que lhe fica encravado e que lhe roerá as entranhas. Outra coisa seria se essa nobreza fosse constituída em uma Casa de Pares nas Cortes, como o é no Parlamento de Inglaterra ou nas Câmaras em França."

O Projeto de Constituição – Escrevendo em Londres, livre dos constrangimentos dos demagogos de Lisboa, como livre estivera da mordaça absolutista antes do 24 de Agosto de 1820, Hipólito da Costa apresenta, em setembro de 1822 – antes de lhe chegar a notícia da declaração da independência, com que encerrará o jornal em dezembro daquele ano – o seu próprio Projeto de Constituição Política do Brasil. Fá-lo com o intuito declarado de não deixar "alucinar ou perverter" os brasileiros – ou, na sua nomenclatura, brasilienses, os naturais do Brasil (distinguindo-os dos "brasilianos", os nativos, e dos "brasileiros", os originários de Portugal) – pela "monstruosa Constituição de Portugal". Estamos, obviamente, numa fase avançada da ruptura de Hipólito com o rumo tomado pelo processo português. Sabendo tratar-se de uma questão polêmica, procura fundamentar exaustivamente a sua proposta:

"[...] nos princípios gerais que neste esboço de Constituição se propõem, só há um que possa admitir dúvida... Falamos da introdução de duas Câmaras no Poder Legislativo, princípio que se rejeitou em Portugal por quererem ali imitar o exemplo de Espanha [...]. Nenhum desses Tomás, Mouras, Borges Carneiro etc. de Lisboa, pretenderá ser maior advogado da liberdade do que um abade Du Pradt, um Lanjuinais, um Adams, um Washington, um Franklin; no entanto, todos estes grandes homens têm advogado a instituição de duas Câmaras, com mais ou menos modificações... Dirão agora que todos esses heróis eram emissários da Santa Aliança?"

Determinante para a viabilidade do novo sistema, tanto a nível interno como externo, emergia dos projetos constitucionais em confronto, cercada de ambiguidades, a figura do rei. Mesmo os mais radicais cedo se aperceberam de que a revolução deveu a sobrevivência à declaração explícita de fidelidade à dinastia de Bragança, feita logo nas primeiras proclamações da Junta do Porto, em 24 de Agosto de 1820.

Com exceção da Espanha do Triênio Liberal, o novo regime não logrou obter o reconhecimento oficial das principais potências. Não obstante, o respeito, mesmo que meramente formal, pelas prerrogativas do monarca valeu ao Estado português a observância do artigo do Tratado de Amizade e Aliança de 1810, pelo qual a Inglaterra garantia a sua integridade contra os inimigos externos. A isso se terá ficado a dever o facto de a contrarrevolução ter acabado por triunfar, em 1823, mas às mãos de nacionais – e não, como em Espanha, dos "Cem Mil Filhos de São Luís", braço armado da Santa Aliança.

Defesa da Monarquia – O *Correio* procurou, desde o início, chamar à razão os exaltados e acalmar a efervescência republicana: "Será moda falar dos reis com menos respeito, mas essa moda tem custado caro a muitas nações". Reforça a mesma ideia depois do regresso de D. João VI a Lisboa, em 1821. Congratula-se com as demonstrações da adesão voluntária do rei à nova situação, nomeadamente ao jurar as Bases da Constituição (aprovadas em março de 1821), com o que desautorizava as manobras dos contrarrevolucionários e garantia o regime no concerto das nações.

Mas o idílio constitucional não seria prolongado. O *Braziliense* denuncia nos seus últimos números o estado de coação do rei, que apresenta como uma figura decorativa, sem vontade livre, sob o domínio das Cortes. O esvaziamento das competências do soberano

– visível na consagração constitucional do veto meramente suspensivo – é, para Hipólito da Costa, não só condenável do ponto de vista político mas também uma incoerência em termos lógicos, na perspectiva do sistema adotado. Este valia sobretudo por ser funcional, útil. Se se retirava ao sistema monárquico-representativo a componente monárquica, embora mantendo formalmente o rei, este ficava sem qualquer capacidade de intervenção eficaz e o sistema entrava em desequilíbrio: "Se a sanção do rei é mera formalidade, fica inútil, e tudo quanto é formalidade inútil na Constituição é pernicioso... não é este o meio de conservar a forma monárquico-democrática... Em uma palavra, quando as Cortes puderem fazer tudo, a forma de governo é puramente democrático-representativa, e então o rei será um elemento desnecessário na Constituição."

O Conselho de Estado – O Projeto de Constituição Política do Brasil apresentado por Hipólito da Costa prevê um papel ativo para o rei. Além de depositário principal do poder executivo (artigos 53º a 61º), participa com um peso determinante no legislativo: "O Poder Legislativo dependerá de três autoridades: 1. O Rei; 2. O Conselho de Estado; 3. Os Representantes" (artigo 4º). Cabe-lhe também nomear os primeiros membros do Conselho de Estado, designação proposta para a câmara alta do Parlamento (artigo 11º), e ainda sancionar ou rejeitar as leis – que, para lhe serem apresentadas, carecem da aprovação sucessiva dos Representantes e do Conselho de Estado (artigos 25º a 33º). Em caso de rejeição, "a matéria se não tornará a propor na mesma sessão" (artigo 35º). Está longe o republicanismo envergonhado da Constituição portuguesa de 23 de Setembro de 1822, que interpretava o silêncio do rei como sanção (artigo 114º), e a conseguia automaticamente em caso de segunda aprovação na câmara única das Cortes (artigo 110º). É ainda prerrogativa real a comutação ou perdão das penas, exceção feita aos processos levantados aos ministros, que respondem perante o Conselho de Estado, mediante acusação dos deputados eleitos da câmara baixa (artigos 60º e 61º).

Fica patente neste projeto o acolhimento dado por Hipólito da Costa ao conceito de Poder Real, teorizado por Benjamin Constant –

e que viria ter consagração explícita na Constituição do Império do Brasil de 1824 e na Carta Constitucional portuguesa de 1826, com o nome de Poder Moderador.

O Primeiro Bem: a Liberdade Individual – O pensamento político de Hipólito da Costa, tal como vai sendo enunciado ao longo dos anos de publicação do *Correio Braziliense*, aponta para um conjunto de princípios gerais visando "cumprir" o objetivo que os homens se propuseram ao organizarem-se em sociedade. O que lhe importa é ver garantida, em primeiro lugar, a liberdade individual, "porque nenhum benefício (nem talvez a vida) compensa a liberdade". Ela é o "primeiro bem", mas para a poder gozar, há que firmar "a segurança pessoal dos indivíduos... o primeiro dever do governo, o fim primário de sua instituição".

"Pelas páginas do *Correio* perpassa uma tal autenticidade na defesa destes valores que não será demasiado sublinhar a dimensão ética da reforma preconizada por Hipólito. Uma manifestação desta constância nos princípios é a associação da ideia de virtude cívica à virtude moral – e de ambas a uma postura crítica face ao poder: "O melhor dos soberanos, se tem a infelicidade de governar uma nação de aduladores, não poderá fazer florentes os seus Estados, nem conferir aos súditos aquela liberdade racionável, que todos os homens têm direito a exercitar, mas que a sábia Providência não deixa gozar senão às nações que praticam as virtudes cívicas, as quais exornam o cidadão, assim como as virtudes morais condecoram o pai de famílias".

Pelo Fim da Escravidão – A escravatura fora abolida no Reino de Portugal durante o consulado do Marquês de Pombal, por alvará de 2 de abril de 1761 – medida tomada, por coincidência, no mesmo ano em que foi executada em auto de fé a última vítima mortal da Inquisição, o jesuíta Gabriel Malagrida, por ter atribuído o terramoto de 1755 a castigo divino. Também sob Pombal foram declarados inteiramente livres os nativos do Brasil e concedidos aos naturais da Índia direitos iguais aos portugueses da Metrópole (em 15 de Janeiro de 1774, precisamente um mês e dez dias antes do nascimento de

Hipólito da Costa). Apesar disso, o tráfico e a escravatura mantiveram-se nos domínios ultramarinos.

O *Correio Braziliense* não tem a menor dúvida: a escravatura é um mal, condenável a todos os títulos. Di-lo e repete-o em sucessivos números. Mas, consciente da importância do trabalho escravo na economia brasileira, Hipólito aborda o problema com uma cautela cirúrgica. De início, e a exemplo dos 'foundingfathers' da democracia norte-americana, condescende em guardar o problema na gaveta. Veja-se a "Análise do folheto sobre o comércio franco do Brasil", em julho de 1809: "(...) o autor faz voltar os olhos para o comércio da África; seria melhor não falar nisto (...) seguindo o conselho, guardo também nisto o silêncio. Se o Governo do Brasil remediar este mal, os filantropos lhe perdoarão todos os mais".

Em dezembro de 1815, Hipólito da Costa considera chegado o momento de enfrentar o mal "cara a cara": "(...) estamos persuadidos, com Montesquieu, que a escravidão não pode ser útil nem ao escravo, nem ao senhor (...), o nosso periódico está cheio de clamores contra tudo quanto é autoridade arbitrária; temos mil vezes arguido que os povos do Brasil têm direito a gozar daquela liberdade racionável que consiste em não estar sujeito senão às leis, e não ao arbítrio dos que governam; etc. Ora como pode um senhor no Brasil gozar destes benefícios, quando tem debaixo de seu poder um escravo, para quem olha quase com a mesma consideração como para o seu cão ou o seu cavalo? Como é possível que o homem branco profira os seus desejos de gozar de liberdade, tendo ao pé de si o negro escravo em todo o rigor da palavra? Conhecemos bem que nos estamos explicando em linguagem um pouco forte, mas é chegado o tempo em que é preciso encontrar o mal cara a cara, e tanto o Governo como o povo do Brasil devem olhar para a questão no seu verdadeiro ponto de vista".

A Escravidão no Testamento Político – No momento de apresentar o seu "testamento político", já depois de anunciada a independência do Brasil, Hipólito considera importante dedicar um artigo ao problema da escravatura no novo país. Em novembro de 1822, na penúltima edição do Correio, deixa exposto com clareza o seu pensamento sobre o assunto, deixando um sentido apelo à abolição da escravatura, mesmo que isso implique um empobrecimento dos cidadãos. O artigo, intitulado "Escravatura no Brasil", merece uma transcrição extensa:

"É ideia contraditória querer uma nação ser livre e, se o consegue ser, blasonar em toda a parte e em todos os tempos de sua liberdade, e manter em si a escravatura, isto é, o idêntico costume oposto à liberdade. Seria a desesperada medida de um louco destruir de uma vez a escravatura, quando ela, além de constituir parte da propriedade do país, está também ligada ao atual sistema da sociedade, tal qual se acha constituída. Mas, se a sua abolição repentina seria um absurdo rematado, a sua perpetuação num sistema de liberdade constitucional é uma contradição de tal importância que uma coisa ou outra devem acabar. Os Brasilienses, portanto, devem escolher entre estas duas alternativas: ou eles nunca serão um povo livre, ou hão de resolver-se a não ter consigo a escravatura... Negamos redondamente, e o provaremos quando for conveniente, que o Brasil deixe de ser igualmente rico quando não tiver escravatura, mas raciocinando mesmo nesta hipótese, que não admitimos, perguntamos: que preferem os Brasilienses, ser pobres, mas serem homens livres, com um Governo Constitucional; ou serem ricos e submissos a governos arbitrários, sem outra constituição política que a que lhes prescrever o Despotismo?... A maior parte de nossos sentimentos e de nossas acções depende dos acidentes de nossa educação, e um homem educado com escravos não pode deixar de olhar para o despotismo como urna ordem de coisas natural... Quem se habitua a olhar para o seu inferior como escravo, acostuma-se também a ter um superior que o trate como escravo".

Campanha do Abolicionismo – Fiel à declaração de princípios enunciada no primeiro número do jornal – e honrada ao longo dos 14 anos seguintes – o redator do *Correio* concita os escritores do seu país para colaborarem na campanha abolicionista: "...chamamos em auxílio da boa razão a pena dos escritores do Brasil, porque não basta que o governo obre segundo o que é conforme aos interesses da nação, é ademais necessário que o povo esteja persuadido que isso assim é realmente, para isto é que se requerem os serviços daqueles homens que se acham em situação de dirigir a opinião pública; e os que nisso se empregarem farão assim um relevante e essencial serviço a sua Pátria".

Censura à Imprensa: Absurdo – A liberdade de imprensa e a luta contra a censura são temas de primeira ordem no *Correio Braziliense*. Desde os números mais recuados que o jornal denuncia a censura, a Inquisição e as perseguições aos homens de letras como causas diretas da decadência do país. "Aquele freio de que se não possa publicar obra alguma em matéria nenhuma sem que seja aprovada por uns poucos de homens em quem o governo de Portugal lhe aprouve, por uma ficção de direito, depositar todos os conhecimentos humanos, é um absurdo, só por si capaz de aniquilar inteiramente o gênio da nação em tudo o que é produção literária."

Perseguição Implacável – Pioneiro da comunicação das ideias liberais aos seus leitores de Portugal e do Brasil, zurzindo o atraso econômico e a opressão absolutista, é natural que o *Correio* fosse alvo de ataques com o objetivo de silenciá-lo. Desde manobras intimidatórias – como o processo judicial por libelo movido contra Hipólito da Costa pelo embaixador de Portugal em Londres, o conde de Funchal, D. Domingos de Sousa Coutinho, ou as diligências efetuadas pelo duque de Palmela e pelo secretário da embaixada Rafael da Cruz Guerreiro para impedir o envio do jornal para o Brasil – à publicação de obras destinadas a desacreditá-lo, passando por medidas administrativas e legais puramente censórias, destinadas a cercear a sua circulação. Estas começaram logo em 1809, com as primeiras apreensões ordenadas pelo governador do Pará, José Narciso Magalhães, e pelo do Rio Grande do Sul, em 1810 e 1811, continuaram com a proibição pela Mesa do Desembargo do Paço da entrada e publicação do periódico "e de todos os escritos de seu furioso e malvado autor", e culminaram com a renovada proibição, em 17 de Junho de 1817, desta vez com honras de uma Portaria dos

Governadores do Reino – que, ao ser transcrita no *Correio*, uma oportuna gralha transforma em "Porcaria".

Apóstolo da Liberdade de Imprensa – Era convicção do redator que a liberdade de imprensa devia ser irrestrita, sujeita apenas à lei geral no tocante a eventuais abusos que caíssem sob a alçada do foro cível ou criminal. Entendia-a como condição *sine qua non* de toda a liberdade cívica e política e para o explicitar publicou textos de importância histórica para o jornalismo. É o caso da "Memoria sobre la libertad politica de la imprenta (1808-1810)", de José Izidoro Morales, obra típica do período gaditano e, sobretudo, de "Areopagitica – Fala a favor da Liberdade de Imprensa dirigida ao Parlamento de Inglaterra", o inspirado panfleto de Milton, da época da Guerra Civil inglesa, traduzido pelo próprio Hipólito. Para o *Correio*, a liberdade de imprensa, além de uma questão de princípio, de uma ética de alcance cívico e político, tem igualmente uma dimensão útil, de valor econômico muito sensível. Para um liberal, familiarizado com as ideias de Hume e de Adam Smith, esse papel não podia deixar de ser evidenciado. É o que faz Hipólito da Costa ao debruçar-se sobre o relacionamento comercial entre Portugal e o Brasil, em Março de 1812, quando afirma que "é preciso facilitar-lhe [ao povo] a leitura das gazetas e jornais em que leiam as notícias políticas e mercantis".

Firme na defesa do princípio da liberdade de imprensa, o *Correio* insurgir-se-á contra a lei de imprensa votada pelas Cortes de Lisboa em 1821. Denuncia-a pelo seu carácter restritivo, fruto dos "prejuízos nacionais" e do temor infundido pelos "partidistas do despotismo" contra a "letra redonda". Otimista quanto ao futuro da liberdade, o redator oferece o exemplo da sua própria experiência para opinar que todas as tentativas contrárias às luzes da imprensa estão votadas ao fracasso e conclui com um ponto de honra, ao pedir a liberdade de expressão até para os inimigos dessa liberdade: "Até haverá mesmo alguém (posto que raro será) que em sua consciência julgue o sistema antigo preferível ao presente; e se um tal é português, nem lhe deve tirar o direito de dizer o que entende nos objetos públicos; e mui mal seguro estaria o governo constitucional se o grasnar de tais rãs pudesse produzir em abalá-lo o mesmo efeito que outros escritos obtiveram em expor em suas próprias e verdadeiras cores os abusos do governo passado."

A Tese do Gradualismo – O *Correio Braziliense* parte de um tradicionalismo constitucional, mesmo que conscientemente forçado – veja-se a série de artigos intitulada "Paralelo da Constituição Portuguesa com a Inglesa", publicada entre Agosto de 1809 e Maio de 1810 – e termina apresentando para o Brasil um projeto indubitavelmente tributário do modelo inglês, mas tendo como referente preferencial o exemplo norte-americano. Não houve um salto: a evolução deveu-se ao facto de terem sido reunidas, finalmente, as condições políticas para afirmar, sem ambiguidades, o que antes escamoteara com invocações táticas, mas que progressivamente viera clarificando. Em Agosto de 1819, Hipólito como que sintetiza a posição gradualista: levar em conta os obstáculos de preconceitos seculares e procurar contorná-los com o fito de conseguir as reformas desejadas é o objetivo do "legislador bem intencionado". O "entusiasta" (revolucionário) e o "malvado" (absolutista) convergem ao reforçar os preconceitos que se opõem aos melhoramentos conducentes à felicidade. "Quanto a nós, estamos persuadidos que quanto mais graduais forem as reformas, consultando sempre o gênio do tempo, as circunstâncias e o carácter dos povos, tanto mais é de esperar que as reformas produzam um bem permanente."

Defesa do Fim dos Monopólios – Hipólito da Costa não se limita à retórica dos regeneradores de 1820 nem declama o *Choixdes Rapports*, a bíblia dos vintistas. Tem planos concretos para realizar a reforma radical que de há muito considerava indispensável para a felicidade da nação. Planos para a reforma da administração do Brasil, cuja unidade procurou defender a todo o custo; a reforma do comércio entre Portugal, o Brasil e as colônias, e entre o conjunto da monarquia luso-brasileira e os países estrangeiros, incluindo um projeto de pauta alfandegária. Projetos para o fomento da agricultura e o lançamento da indústria, para o desmantelamento dos monopólios e a sua substituição pela livre empresa; a libertação da propriedade agrária e Comba o fim dos constrangimentos corporativos nas atividades industriais, o apelo à dinamização do associativismo rural e comercial; e também para a expansão do ensino elementar, condição básica para o progresso. O *Correio* apresentou uma cuidadosa e pormenorizada plataforma de ação, unindo indissociavelmente as tarefas da regeneração política com a reforma das estruturas mais profundas da sociedade."

Combate à Corrupção – Tema recorrente ao longo dos séculos, o problema da corrupção também merece denúncia do fundador da imprensa brasileira. Nos últimos anos, o Brasil testemunhou o maior escândalo de corrupção da história mundial, com os bilionários reais desviados e descobertos nas investigações da Operação Lava Jato.

O esforço de setores da sociedade – Justiça de 1ª. A 2ª. Instância, Ministério Público Federal, Polícia Federal e Receita Federa – contudo, resultou numa monumental frustração da esmagadora maioria da sociedade brasileira, identificada com a ética e com a prática honesta na administração do Estado.

Transcreve-se aqui a opinião de Hipólito da Costa, com um texto que espelha sua indignação contra os usurpadores do erário.

"Se a habilidade de um indivíduo, em aumentar suas riquezas fosse por si só bastante para qualificar alguém a ser administrador das finanças de um reino, sem dúvida Targini, Barão do que quer que é que nos não lembra, devia reputar-se um excelente financeiro.

É verdade, que poderíamos aqui aplicar o rifão espanhol "*Quien cabras no tiene y cabritos vende de algures leviene*". Targini, escrevente do Erário, sem outros bens mais que o seu minguado salário, acha-se elevado a Tesoureiro-mor do Erário, Barão, e homem riquíssimo; administrando um Erário que sempre se acha pobre.

Ninguém dirá que estas matérias são segredo de Gabinete, que não convém que nenhum do povo examine. O Erário é o depósito das contribuições do povo: a bem do povo se devem empregar as suas rendas; o Erário rico pode gastar em cousas que enriqueçam a nação; o Erário pobre não é capaz de promover os estabelecimentos nacionais, que exigem despesas do Governo; logo as circunstâncias, que ocasionam a riqueza ou pobreza do Erário, não devem ser matéria de segredo de Gabinete, mas sim um ponto em cujo exame pode entrar todo o indivíduo da nação; porque a todos isto toca de mui perto.

Explicaremos, pois, o pouco que por agora intentamos dizer nesta matéria; supondo que El Rey mandara chamar Targini, e tinha com ele uma conferência sobre o estado atual do Erário; no que se passava o seguinte diálogo.

Rei – Preciso de uma soma considerável para fortificar as fronteiras do meu reino do Brasil, criar uma boa marinha de guerra, chamar para este país artistas e povoadores da Europa; dizei-me, Tesoureiro-mor, quais são os restos das despesas, e as poupanças, que tendes feito nas minhas rendas.

Tesoureiro – Restos, Senhor! O Erário não tem um real; V. M. [Vossa Majestade] está pobre; as rendas não chegam para as despesas.

Rei – Como pode o meu Erário estar pobre, sendo eu o Soberano de um país, em que se produz o ouro, os diamantes, o açúcar, o café, o arroz, o algodão, e tantos outros objetos preciosos e em tanta abundância, que nenhum outro país do mundo o excede?

Tesoureiro – Senhor, tudo isso será assim, mas as despesas são tão consideráveis, que para elas não chegam as rendas.

Rei – Que despesas temos nós a fazer, que sejam mais consideráveis que as de outros Estados de igual grandeza (por exemplo, os Estados Unidos), onde o Erário não padece a pobreza que aqui se alega?

Tesoureiro – Os Estados Unidos não têm Casa Real que sustentem, nem o Clero, nem outras muitas cousas, que nós cá temos.

Rei – Valha-me a fortuna; aí vêm as despesas da Casa Real em primeiro lugar; pois principiemos por diminuir estas. Eu comigo não gasto mais do que outro indivíduo meu vassalo, e o que há de mais é para sustentar o decoro da Coroa, com criados, cavalos, carruagens; e ainda assim envergonho-me de ser puxado em uma carruagem velha, com duas mulas miseráveis, e dous lacaios esfaimados; mas disso mesmo me quero privar, para dar o exemplo de economia; e espero que o meu Tesoureiro-mor fará o mesmo, largando metade do seu ordenado.

Tesoureiro – Deus tal não permita. Os ordenados das pessoas empregadas são mui tênues, e mal lhe chegam para viver.

Rei – Isso não pode ser; pois como ajuntastes riqueza para comprar casas, terras, e meter dinheiro nos fundos do Banco da Inglaterra, se o vosso ordenado vos não chega para viver?

Tesoureiro – Senhor, há outra cousa, que V. M. não repara, e é a necessidade de sustentar a dignidade Real, com os criados, cavalos, carruagens; e tudo isto requer despesas.

Rei – Já me falastes nisto outra vez. Eu estou capacitado de que todos os meus vassalos estimariam que eu gastasse dobrada soma na sustentação da dignidade Real; porque isso mesmo é glória e esplendor para o Reino; contanto que se não dissipassem as rendas do Erário, que são aplicáveis a outras despesas públicas; mas já disse que ainda assim, e para dar exemplo, quero diminuir essas despesas da Casa Real. Porém a questão é como podeis vós estar tão rico, não tendo tido bens patrimoniais, e dizereis, ao mesmo tempo, que os ordenados apenas chegam para viver?

Tesoureiro – Senhor, eu não falava de mim; mas sim das despesas da Casa Real.

Rei – É já terceira vez que falais nisso; estou pronto a diminuí-las – que outras despesas há que admitam diminuição?

Tesoureiro – As despesas da Casa Real é certo que são mui consideráveis; porém eu não posso aqui de repente dizer quais sejam as outras que se possam diminuir.

Rei – Pois nem ao menos podeis dizer, se podeis ou não dispensar parte do vosso ordenado?

Tesoureiro – Se formos a bulir com tudo, por força havemos de diminuir também as despesas da Casa Real, e a minha lealdade e amor a V. M, não me permitem que pense em tal.

Rei – Uma vez por todas, eu sou o primeiro a querer diminuir as despesas da Casa Real; não me faleis mais nisso: saibamos quais são os outros gastos, que se fazem, e podem admitir diminuição.

Tesoureiro – Eu, quanto a mim, Senhor, ficarei sem nada, se V. M. assim o determina.

Rei – Tal não desejo, quem serve deve ser pago. Mas dizei-me de que viveis, se vos não chegam os vossos ordenados, ou de que viveríeis se continuásseis a servir sem ordenado?

Tesoureiro – Das minhas economias.

Rei – Que economias pode fazer, quem não tem rendas para economizar?

Tesoureiro- Eu cá me arranjaria com as minhas linhas.

Rei – Quisera eu que aplicásseis essas linhas a traçar algum plano, para que os pagamentos andassem em dia; e não fosse eu atormentado com ouvir falar em rebates do que tem de pagar o Erário.

Tesoureiro – Senhor, os rebates são necessários, e os rebatedores gente mui útil.

Rei – Ao Erário não podem os rebatedores ser úteis; porque o Erário sempre paga a dívida por inteiro.

Tesoureiro – Mas são úteis aos indivíduos a quem os rebatedores adiantam o pagamento, para depois o receberem do Erário.

Rei – Mas o credor do Erário, quando rebate, paga usuras horrorosas.

Tesoureiro – Isso não pode deixar de ser, pela incerteza em que está o rebatedor do tempo em que há de receber a dívida do Erário.

Rei – Eis aí justamente o que Eu queria ver remediado; pois ainda que o Erário não pudesse pagar em dia, podiam os pagamentos fazer-se por ordem alfabética, datas, ou outras divisões, de maneira que todos soubessem quando lhe cabia a sua vez de ser pago, sem que nem o Tesoureiro-mor, nem algum outro oficial do Erário pudesse fazer mercê ou injúria a ninguém com indevidas preferências, de que se queixam todos, e Eu não sei, nem tenho meios de averiguar, se com razão ou sem ela.

Tesoureiro – Eu não posso impedir que os caluniadores e más línguas falem; nem está no meu alcance fazer novos planos de finanças.

Rei – Más línguas sempre houve no Mundo, mas é preciso que se tirem os motivos de suspeita, estabelecendo tal ordem dos pagamentos que ninguém possa fazer preferir os pagamentos de seus afilhados aos de outros que não têm padrinhos. E quanto aos planos a este respeito, eu devo esperá-los do Tesoureiro-mor; porque o seu ofício não é outro senão fazer os pagamentos do Erário em boa e devida forma.

Tesoureiro – Creia V. M. que tudo quanto se diz a respeito do mau arranjamento do Erário é sem fundamento. Só eu sei o que me custa alcançar o dinheiro para os pagamentos; pois o Banco não me quer nunca ajudar; e até se me dificultam os saques para a Inglaterra.

Rei – Ouvi dizer, que as últimas letras, que daqui sacou o Erário sobre os Administradores dos Contratos Reais em Londres, foram sacadas a quase 3 por cento mais caras do que era o preço do câmbio na praça. Por que razão perdeu o Erário esta diferença?

Tesoureiro – Senhor, as despesas da Casa Real obrigaram-me a fazer esses sacrifícios, para ter dinheiro com que as suprir.

Rei – Outra vez as despesas da Casa Real?

Tesoureiro – V. M. proibiu-me que falasse nas despesas da Casa Real quanto ao futuro, mas isto é quanto ao passado, o que eu digo.

Rei – Quem foi o corretor que negociou essas letras, com a diferença de 3 por cento?

Tesoureiro – Eu não sei que houvesse tal diferença de três por cento.

Rei – Não vos pergunto isso; pergunto-vos quem foi o corretor que negociou as letras.

Tesoureiro – Suponho que foi Samuel.

Rei – Pois manda-me cá a Samuel, e lhe preguntarei se houve nas ditas letras a tal diferença de 3 por cento de mais do câmbio corrente na praça; e se eu achar que tal diferença houve, quero ser informado da razão.

Tesoureiro – Veja V. M. que se nos metemos nisso, é preciso examinar as contas das despesas da Casa Real.

Rei – Pois bem; se eu achar que todas as extravagâncias das despesas públicas são para a Casa Real, como eu não tenho culpa disso, eu o direi publicamente ao meu Povo; e lhe declararei que tal não é minha vontade, e eles me acreditarão: deixemos pois isso; manda-me cá o Samuel, que quero examinar o negócio das letras.

Tesoureiro – Qual Samuel?

Rei. Pois não me dissestes que supunhas que o corretor das letras fora Samuel? É esse Samuel quem eu quero examinar.

Tesoureiro – Não sei onde está, uns dizem que foi para Inglaterra, outros que está doente; e outros...

Rei – Basta. Chegará o tempo de ajustarmos contas. Não digo que sejas culpado; porque se o pudera dizer, do meu dever fora castigar-vos; porém digo que a repetição que tendes feito, em falar das despesas da Casa Real, e o não explicares o negócio das letras, não é de quem sabe e entende da administração das rendas públicas; mas sim de quem deseja embaralhar; e se não déreis disto a conveniente satisfação, será preciso declarar-vos indigno do lugar que ocupais. Fazei públicas as públicas contas; e com isto mostrareis que entendeis do vosso ofício, e que sois homem honrado; e senão cada um julgará o que lhe parecer.

O Correio Braziliense e a Pregação da Independência

"O povo que deseja ser livre e feliz, cuide de assegurar com suas Virtudes próprias essa liberdade, e essa felicidade que deseja, porque esperar por outras nações para gozar estes bens, será escravo, será infeliz. Não dispute sobre a forma de governo; reflita no modo de melhorar seus costumes. Um povo sem moral, se não tem liberdade, nunca a obterá; se a tem, certamente a perderá."

Correio Braziliense (v. XXIV – n. 140, p. 77)

Consenso entre historiadores, jornalistas, pesquisadores: Hipólito da Costa teve papel decisivo na campanha pela Independência do Brasil. Ele fazia a ponte entre os brasileiros e os portugueses, entre o pensamento liberal e constitucional inglês e americano e as elites políticas do Brasil e de Portugal.

Entre muitos méritos e qualidades de sua atuação corajosa na criação, no comando e nos textos do Correio Braziliense estão as bandeiras pela independência do Brasil, pela adoção de um regime constitucional e por conquistas visionárias da cidadania nacional, como a abolição da escravatura.

O fato de ser escrito, editado e impresso em Londres, sob a proteção da Coroa Britânica, foi a garantia de segurança e de plena liberdade para os escritos avançados do Patrono da Imprensa Brasileira.

Esta circunstância é ressaltada por Oliveira Viana: "O *Correio Braziliense*, como ser o único português do tempo que podia manifestar independência, porque se editava fora dos domínios reais e tinha à sua frente um homem de espírito desassombrado e clarividente, constitui o melhor, senão o exclusivo repositório das falhas da administração brasileira. O jornalista catava-as escrupulosamente para expô-la à luz da publicidade e não cessava sobretudo de verberar os famosos capitães-generais do ultramar, que a mudança da corte não afugentou".

A pregação pela Independência do Brasil foi amadurecendo, na medida em que Hipólito da Costa decepcionava-se com as decisões autoritárias das Cortes Portuguesas contra os interesses da população na colônia. Abandonava o sonho inicial de formação de um grande Reino entre Brasil e Portugal para assumir claramente a autonomia total.

O "Dia do Fico", a 9 de janeiro de 1822, consolidou seu convencimento de que a única alternativa seria a independência.

Escreveu em março de 1822: "Uma provocação mais, e os brasileiros darão seu último passo para a independência: é natural que quando lá chegar a notícia da forma de Governo político que as Cortes preparam ao Brasil, pela Constituição que estão fazendo, o caso chegue a essa extremidade, que será bem lamentável para Portugal".

Na edição de 1º de agosto de 1822, portanto, dias antes da Proclamação de Dom Pedro I, anotou: "Os governos que ainda querem fundar o seu poder sobre a pretendida ignorância dos povos, ou sobre antigos erros e abusos, tem que ver o colosso da sua grandeza tombar da frágil base, sobre o que se erguera outrora.

Foi por assim não o pensarem, que as Cortes de Lisboa forçaram as províncias do Sul do Brasil a sacudir o jugo, que lhes preparavam, foi por assim pensar, que eu agora já vejo reunido todo o Brasil em torno e mim; requerendo a defesa de seus direitos e a mantença de sua liberdade e independência".

O jornalista e professor João Pedro Rosa Ferreira também se incorpora ao coro daqueles que consideram fundamental o papel de Hipólito da Costa, mesmo considerando o distanciamento entre a edição do jornal em Londres até seu longo e complexo processo de transporte para o Brasil até seu restrito poder de mobilização de segmentos da sociedade e da elite política.

Importante ressaltar que o ideário de Hipólito da Costa consolidou a profusão do liberalismo e ajudou a firmar a ideia da libertação de Brasil das garras de Portugal, sobretudo, depois dos graves acontecimentos relativos as tentativas de controle e esvaziamento político, administrativo e financeiro da colônia.

A síntese do pesquisador português: "A derrapagem do vintismo, pelas pressões quotidianas da convergência radical-reacionária, a conjuntura internacional e, principalmente, a questão do Brasil, levaram o *Correio* à oposição, primeiro, e ao alheamento do processo português, depois, com a separação do novo império. Desde o início da sua publicação – sobretudo desde a assinatura dos tratados luso-britânicos de fevereiro de 1810 – o jornal mostrou-se favorável à união entre o Brasil e Portugal. No entanto, já em Junho de 1809 chama a atenção para as razões de queixa do Brasil contra Portugal. E no número seguinte acusa o despotismo colonial de ser um obstáculo ao desenvolvimento económico brasileiro e de contribuir para a ruína de Portugal. No número de Abril de 1810 defende o lugar do Brasil no âmbito de um império português em que todos os domínios gozem da mesma distinção, na unidade da administração e das leis. A primeira manifestação de cariz autonomista, porém, surge na edição de Novembro de 1810, quando afirma que a residência da Corte no Rio de Janeiro não teve como consequência a ascensão de qualquer natural do Brasil a um alto posto do Governo, reservado em exclusivo aos "europeus", "estrangeiros". E, na mesma ocasião, não deixa de chamar a atenção para "as circunstâncias atuais entre a Espanha e as suas colónias". Em Junho de 1811 assinala a morte de um mártir da liberdade brasileiro: o antigo procurador das Câmaras de Minas Gerais José Joaquim Vieira do Couto, "defensor dos seus naturais", que fora preso em Lisboa pela Inquisição e deportado para a Ilha Terceira, nos Açores, por ocasião da vaga repressiva que ficou conhecida como a *Setembrizada* de 1810.

A elevação do Brasil à categoria de reino, com a mudança de designação da monarquia luso-americana para Reino Unido de Portugal, Brasil e Algarves, em 16 de dezembro de 1815, é saudada no número de fevereiro de 1816. Mas a situação vai degradar-se. Na secção "Miscelânea" da edição de Abril de 1817 publica uma carta em que são notórios os sinais de insatisfação em Pernambuco perante atos de corrupção e abusos do general da Capitania. No mês seguinte, o Correio traz já a notícia da fracassada insurreição pernambucana, cujas causas não atribui a "obra de intrigantes" mas sim ao descontentamento "generalíssimo" da "grande nação" – o Brasil – contra a administração militar e as instituições coloniais. A solução para estes males não é a repressão, mas a reforma. Curiosamente, nos números imediatos, Hipólito vai recuar, demarcando-se da "rebelião", que nada, "nem os abusos", justifica (Junho de 1817) – além de ter sido mal preparada e mal dirigida, "as reformas nunca se devem procurar por meios injustos" (Julho de 1817). A condenação da revolta de Pernambuco esteve na origem de uma prolongada polémica entre o *Braziliense* e o *Correo del Orinoco*, órgão dos insurgentes venezuelanos que, até então, tinham contado Hipólito da Costa entre os seus apoiantes. O número de 13 de Fevereiro de 1818 do *Orinoco* inclui uma violentíssima diatribe contra Hipólito, acusado de "contradizer os seus princípios" e de "deixar cair sobre os seus escritos um borrão quase indelével", para que o monarca do Brasil "levantasse a proibição imposta ao seu periódico de ser introduzido e lido em Portugal". A controvérsia mantém-se acesa até Setembro de 1819. Já depois da Revolução de 24 de Agosto de 1820, o *Correio* pronuncia-se repetidamente contra a separação do Brasil, que considera a cabeça do Reino Unido. No entanto, já no número de Setembro daquele ano sublinha que a manutenção do Reino Unido é de interesse para Portugal, mas apenas de "decoro" para o Brasil. E logo a partir de Outubro denuncia o início de uma campanha "anti-brasílica" em Portugal com o objetivo de criar divisões entre ambos e fomentar uma união luso-espanhola. A adoção pelo novo poder instalado em Lisboa da Constituição de Cádiz, a título provisório, na sequência do golpe da Martinhada, em novembro de 1820, é interpretada por Hipólito da Costa como "um passo decisivo para a separação de Portugal do Brasil".

Não tardaram outros passos, cada vez mais apressados, no caminho do divórcio luso-brasileiro. O radicalismo das Cortes vintistas ameaça fazer regressar o Brasil ao estado de colónia, denuncia o *Correio* na sua edição de março de 1821. Dois meses depois ainda sustenta que manter a união é "prolongar vantagens mútuas". Contudo, em janeiro de 1822, Hipólito declara a sua oposição às medidas tomadas pelas Cortes relativamente ao Brasil. Em artigos publicados na secção "Miscelânea" desse mês fala contra a visão colonial que na Europa se tem das "nações ricas e poderosas da América" e volta a enumerar as razões de queixa do Brasil pelo desprezo a que foi votado pelos governos absolutistas e pelo novo Governo das Cortes.

O processo sofre nova aceleração. No número de Março de 1822, o *Correio* avança com uma proposta moderada para uma solução autonômica no Brasil, conservando-se a união dinástica: um governo central sob a autoridade do Príncipe Real D. Pedro. Perante a erupção de revoltas em algumas províncias e a ameaça de secessões que pudessem desmembrar o grande país, Hipólito elege como tarefa essencial garantir a integridade do território brasileiro. Ainda assim, a unidade não deve ser imposta por coação mas pela persuasão do interesse mútuo, como sublinha na edição de Abril de 1822. Por essa altura, já o redator concluíra que o processo estava suficientemente amadurecido para a Proclamação da Independência. Considera legítima a recusa do Brasil em obedecer às Cortes, classifica como algo de "pernicioso" a permanência dos deputados brasileiros – cuja "energia" enaltece – em Lisboa e declara, sobre a posição do Brasil, que "se não lhe faz conta comprar a união, passará sem ela" (junho de 1822).

O compromisso por que tanto se batera o *Correio* viria a ter por núcleo a Carta Constitucional outorgada em 1826 por D. Pedro IV, o mesmo que lançara o grito do Ipiranga no Brasil. Os princípios da Carta não diferem dos do "Projeto de Constituição", com a significativa exceção da base eleitoral: Hipólito da Costa pretendera alargar o consenso nacional a camadas muito mais amplas da sociedade – daí não ter previsto o regime censitário, obstáculo à participação política de todos os cidadãos. A Portugal, o compromisso histórico custaria ainda o preço da contrarrevolução e da guerra civil.

Hipólito não assistiria a este desfecho. Encerrado o *Correio*, após a Proclamação da Independência brasileira, foi nomeado sucessivamente encarregado de negócios interino, cônsul-geral em Londres (a 20 de setembro de 1823) e conselheiro honorário da Legação do Império do Brasil junto do embaixador Caldeira Brant, a 22 do mesmo mês. Não desempenharia, contudo, os últimos cargos: morrera a 11 de setembro de 1823.

Os Documentos Históricos:

Viagem para a Filadélfia e a Narrativa da Perseguição

"Um homem que se distinguia não menos pelo vigor de sua inteligência e de sua capacidade na ciência e na literatura do que pela integridade de costumes e de caráter."

Duque de Sussex, irmão do Rei George III da Inglaterra, 18 anos de convivência, na placa no túmulo.

Além da extraordinária e histórica contribuição dada à campanha pela Independência do Brasil, Hipólito da Costa publicou vários livros, com destaque para dois documentos que resgatam fatos históricos relevantes dos séculos XVIII e XIX.

São eles: "Diário de minha viagem para a Filadélfia", realizada entre 1798 e 1799, que permaneceu inédito durante mais de 150 anos. Mereceu a primeira publicação em 1955 pela Academia Brasileira de Letras. E tornou-se mais conhecido a partir de reedição pelo Senado Federal, em 2004.

Ainda muito jovem, Hipólito da Costa relata fatos relacionados à nascente democracia norte-americana. Fornece informações sobre as novidades tecnológicas, a vida oficial e, ao mesmo tempo, a vida do cidadão comum.

Também traz relatos sobre instituições prisionais, o encontro com o presidente John Adams, as técnicas agrícolas e vários comentários sobre a situação do país, as eleições e a pobreza das edificações.

O grande pensador brasileiro, Alceu Amoroso Lima, definiu a importância do relatório: "O maior interesse deste precioso inédito é realmente a visão direta, objetiva, cotidiana, na aurora do século XIX, de uma nação ainda pobre, incipiente, mais ou menos desordenada, que em um século e meio de vida intensa se tornou a maior potência do mundo."

O segundo livro, muito mais consistente, profundo e revelador de um trágico período na história da humanidade, trata com texto direto e minucioso das violências e injustiças praticadas durante a Inquisição Portuguesa. E, como conteúdo mais revelador, o implacável combate e à violenta perseguição contra os maçons portugueses e europeus.

O título diz tudo: "Narrativa da Perseguição", publicada pela primeira vez em Londres, e no Brasil divulgada também só no final do século passado. Relata com detalhes impressionantes sua tirânica prisão, após retorno da viagem oficial em nome das Cortes de Lisboa, em 1802.

Realmente, soa estranho e paradoxal que um estudioso das instituições europeias e norte-americanas, indicado para cumprir missões oficiais nos Estados Unidos e na Inglaterra, credenciado pela Coroa Portuguesa, tenha sido preso e mantido em cárcere durante três anos. Só o autoritarismo religioso, a tirania inquisitória e a atuação à margem da ordem jurídica de alguns magistrados, como ocorreu no Brasil durante todo o ano de 2022, pode explicar tantas arbitrariedades, crueldades, atos desumanos e verdadeiras sessões de tortura psicológica e até física.

Chega a ser assustadora a semelhança das contundentes denúncias contidas no relato de Hipólito da Costa envolvendo magistrados que atuavam no Tribunal de Santa Inquisição em Lisboa e as decisões flagrantemente inconstitucionais de ministros do Supremo Tribunal Federal e do Tribunal Superior Eleitoral, em Brasília, no século XXI.

A única razão para o calvário enfrentado por Hipólito da Costa: seu batismo na Maçonaria, durante sua permanência na Filadélfia, e os contatos mantidos em Londres com lideranças da instituição maçônica.

A revista *Freemason*, editada em Portugal, com estudos inéditos e pesquisas históricas de excepcional conteúdo, traz fundamentos para a tese sobre as causas da prisão de Hipólito da Costa.

Intitulado "A Maçonaria e a Inquisição Portuguesa: Perseguição ao Maçom Hipólito José da Costa", com data de 14 de maio de 2019, assinala: "Hipólito da Costa viveu nos Estados Unidos por dois anos onde, na Filadélfia, veio a ingressar na maçonaria o que influenciou a sua vida daí em diante. De volta ao Reino, viajou a serviço da Coroa Portuguesa para Londres em 1802, com o objetivo declarado de adquirir obras para a Real Biblioteca e maquinário para a Imprensa Régia. Ocultamente, entretanto, os seus motivos eram o também de estabelecer contatos entre as Lojas Maçónicas Portuguesas e o Grande Oriente em Londres. Três ou quatro dias após o seu retorno ao reino foi detido pela Inquisição por ordem de Diogo Inácio de Pina Manique, o Intendente Geral de Polícia, com poderes de magistrado, sob a acusação de disseminar as ideias maçónicas na Europa. Contou com integral apoio e solidariedade do ministro José Anastásio Lopes Cardoso, também formado em Coimbra e que renegou seu passado acadêmico e a exemplar biografia de Hipólito da Costa, para se transformar em carreirista a serviço da guerra contra a maçonaria. Pina Manique e Lopes Cardoso transformaram-se em "caçadores dos pedreiros-livres".

Hipólito da Costa foi preso pela Inquisição lisboeta porque era Maçom (iniciado na Loja Washington, em Filadélfia, EUA). Também eram maçons ou simpatizantes da franco-maçonaria os principais rebeldes sul-americanos reunidos em Londres em torno da figura de El Precursor, o general venezuelano Francisco Miranda – que lutou contra os ingleses na Revolução Americana, contra o Antigo Regime na Revolução Francesa e contra Bonaparte na restauração espanhola. Simon Bolívar integrava o mesmo grupo.

A obstinada luta contra a Inquisição não foi uma vendeta pessoal de Hipólito da Costa contra os seus algozes, mas uma cruzada contra a ignorância, o atraso cultural e o fundamentalismo religioso. A "Narrativa da Perseguição", de Hipólito da Costa (dois volumes, português e inglês, Londres, 1811), não foi a primeira denúncia contra o Santo Ofício aparecida no mundo desenvolvido. Foi o golpe mortal no dragão da maldade que sufocou a inteligência portuguesa (e por decorrência a brasileira) ao longo de 285 anos (1536-1821).

Encaminhado às celas do Tribunal do Santo Ofício, onde permaneceu até 1805, logrou evadir-se para a Espanha sob um disfarce de criado, com o auxílio dos seus irmãos maçons. Foi vítima de torturas, sem crime e sem processo regular. Hipólito, em "Narrativa", tempos depois, diz que "nada irrita tanto o inquisidor, como um homem que raciocina."

A narrativa foi publicada pela Fundação Assis Chateaubriand, em 2001, merecendo nos anos seguintes novas edições. O Senado Federal lançou uma obra especial numa de suas coleções históricas.

O cenário político e jurídico registrado no bicentenário da Independência assemelha-se àquele enfrentado com heroísmo e determinação pelo primeiro jornalista a esgrimar contra a censura prévia.

Em Portugal, o Tribunal do Santo Ofício atuou com total autonomia, ignorando o Tribunal da Relação, sem atentar para a ordem jurídica vigente. No Brasil, decisões judiciais de ministros do Supremo Tribunal Federal e pelo Tribunal Superior Eleitoral atentaram contra a Constituição Federal de 1988 e contra a ordem jurídica nacional, causando um cenário inédito de instabilidade em toda a Nação.

Decisões parciais que implicam em ações partidárias dos ministros, em prisões flagrantemente ilegais e censura prévia ostensiva em veículos de comunicação de massa e usuários das redes sociais, todos eles com ideário liberal e conservador.

Pela leitura da longa narrativa, imperavam as decisões do Tribunal do Santo Ofício, que atuava à revelia do Tribunal da Relação e da Ordem Jurídica. Tudo para liquidar com a maçonaria e os "pedreiros livres" que atuavam em Portugal.

Alguns das principais ilegalidades e atentados ao Direito e à Justiça, denunciados no documento por Hipólito da Costa:

Prisão secreta ilegal – "Ficar de segredo, onde jazi pelo longo período de seis meses, sem poder falar com pessoa alguma, nem ter meio algum de representar a injustiça que se me fazia a quem a pudesse remediar."

Tirania – "Perdoe-me esta expressão, se pouco modesta, sincera; estes argumentos não têm resposta, salvo se for: quero porque quero, só é lei minha vontade."

Sem acesso – "Nunca me concederam ter os documentos em meu poder, e quando os via era em audiência; mostravam-me os que eu pedia, mas separados dos outros, e nunca me deixavam tocar-lhes com a mão, apesar das representações que fazia, de me ser impossível lembrar da matéria daqueles."

Inquisição prolongada – "Passaram-se seis meses, depois que se acabaram as perguntas, sem que eu pudesse ter notícia se o meu processo continuava ou não, e durante este período pedi muitas vezes audiência, ou mesa, segundo a fraseologia da casa, sem sucesso".

Maçom – "O libelo do promotor era breve, e dizia, em suma, que me acusava de ser pedreiro-livre, ou framaçom, o que se provava da minha confissão e das cartas patentes que eu tinha reconhecido por minhas, e que devia ser castigado por isso com todo o rigor."

Saúde arruinada – "A resolução, em que havia tempos estava, de me evadir dos cárceres para salvar a vida, visto que o estado deplorável da minha saúde chegava já a ameaçar total ruína, tomou nesta ocasião o seu último termo; não só porque todos os aparatos, de que tenho falado, me indicavam prolongada demora, mas também porque me constou, mais positivamente, de certas medidas."

Torturas – "Aqui, refletirá alguém, que três anos de tão violenta prisão era demasiado sofrimento para quem se reputa inocente. Respondo que nenhum sacrifício é demasiado, exceto o da honra, para dar exemplo da obediência devida aos superiores, e tal conceito fazia das pessoas a quem era, pelos vínculos de sangue e da amizade, obrigado a justificar o meu procedimento."

Mordaça – "Nós temos visto em Portugal, inumeráveis vezes, ser preso um homem de noite, e conduzido com as maiores cautelas e segredo aos cárceres do Santo Ofício, confiscarem-se-lhe os bens para a Inquisição e, passados alguns anos, aparecer este homem, de quem nunca mais se soube parte, em um auto de fé, com uma mordaça na boca, para não poder falar."

Caridade – "Mas tal é o furor caritativo dos senhores inquisidores que não querem que pessoa alguma exercite algum ato de caridade com os presos, para que a eles não lhes falte ocasião de exercitar as suas virtudes! Esta caridade não é certamente a que o Evangelho de Jesus Cristo recomenda".

Incomunicável – "Eles nem me aconselhavam, nem me deixavam aconselhar com ninguém, conservando-me sempre na mais rigorosa incomunicabilidade; eu estava na ignorância invencível do modo por que devia proceder. E se me quiserem dizer que quando não fossem provas eram com efeito indício, respondo que por indícios somente não se pode condenar pessoa alguma."

Injustiças – "Por que não me fizeram em público o meu processo? Seria conveniente, para dar exemplo, fazer o meu castigo conhecido, e processar-me de maneira que as provas dos meus delitos ficassem patentes, mas pelo contrário, tudo está oculto. Se não cometi crime algum por que me castigaram? Se me castigaram com justiça, por que ocultam ao público esses motivos justos? Quererão talvez ter direito de punir até os meus pensamentos, contra todo o direito."

Celibato – "A cidade de Constança se achou honrada por ocasião do Concílio com a presença de 346 arcebispos e bispos, 564 abades e doutores e 7.000 prostitutas que seguiam os padres do concílio; sem contar as concubinas, que os mesmos santos padres tinham sempre consigo, junto às suas pessoas. É claro que se estes tenazes defensores do celibato fossem casados, as prostitutas não se empenhariam tanto em os seguir. Mas que contraste! Foi neste mesmo concílio que se prescreveu definitivamente o celibato dos clérigos."

Narrativa da perseguição

"O Tribunal do Santo Ofício mantinha as pessoas sem culpa formada, sem provas de nenhum crime, apenas por mera conjectura de supostos delitos ou delação incentivada pelos seus ministros da Inquisição. O seu "crime", que, aliás, não estava tipificado como crime em nenhum diploma legal, era o de ser pedreiro-livre, ou maçom, filiado em uma loja situada no estrangeiro. Os inquisidores queriam assimilar tal fato à heresia e condená-lo por isso. O inquisidor era ao mesmo tempo acusador e juiz."

Hipólito da Costa

"Havia três ou quatro dias que eu tinha desembarcado em Lisboa e era isto pelos fins de julho do ano de 1802, quando entrou em minha casa um corregedor do crime e, dizendo-me quem era, me disse também que tinha ordem para apreender os meus papéis e meter-me de segredo, com rigorosa incomunicação. Eu conhecia este homem pelo nome, mas não pela pessoa; e cheguei a duvidar se ele era o que me dizia, não só por seu modo e maneiras, senão porque estava sem vara, ou outra insígnia que fizesse respeitar o seu cargo. E não obstante conhecer eu que esta circunstância era um erro, que ele, ministro, cometia de tal consequência, que me isentava de crime fosse qual fosse o desrespeito com que o tratasse, visto que não trazendo a insígnia do seu cargo, o podia reputar como um simples particular, que se atrevia a insultar o sagrado asilo da minha casa; contudo, foi mui diferente o meu modo de proceder, porque lhe pedi cortesmente que se sentasse e me deixasse ver a ordem que dizia ter, ou, ao menos, que me dissesse de quem ela era. Mostrou-me então um bilhete do intendente-geral da Polícia, que de boa vontade aqui copiara, se de memória o pudesse fazer pelas mesmas palavras, e ortografia. Este bilhete ordenava a minha prisão, apreensão dos meus papéis, e que se procurasse achar-me alguma insígnia maçônica; e dava por motivo deste procedimento haver eu ido à Inglaterra sem passaporte.

Apenas li estes últimos períodos quando me ocorreram as tristes consequências da minha prisão, conhecendo claramente que era abandonado ao furor dos perseguidores. Mas não esteve mais em mim que não representasse ao executor desta justiça, que me admirava proceder o intendente da Polícia a tão severa demonstração, antes de tomar sobre o caso alguma informação; porque tão longe estava de que eu tivesse ido à Inglaterra sem passaporte, que nem ainda empreendera a viagem sem licença de S. A. R., a qual licença previamente havia solicitado, porque, achando-me empregado no Real serviço, como diretor literário na Junta da Impressão Régia, julgara não dever sair do Reino sem sua permissão; que essa licença me fora concedida por aviso da Secretaria de Estado da repartição competente, que além disto tinha o passaporte em forma, expedido pela Secretaria de Estado dos Negócios Estrangeiros. E ainda mais, que o ministro e secretário de estado da Fazenda me havia incumbido tratar em Londres alguns negócios do Real serviço, o que da parte de S. A. me ordenara; como eu podia facilmente provar pelas suas cartas de ofício, que ali conservava, e me tinham sido dirigidas uma a Lisboa, antes da minha partida, e outras a Londres, depois de lá ter chegado; e, portanto, que me parecia ter direito para esperar que o intendente-geral da Polícia se informasse destas circunstâncias antes de proceder contra mim tão rigorosamente, dando por causa do seu procedimento a minha viagem à Inglaterra sem passaporte. O corregedor, executor desta justiça, querendo mostrar-me que neste modo de proceder não havia precipitação, disse-me que eu era bastante temerário em pensar que o intendente da Polícia, magistrado egrégio (cuja probidade era igual aos seus notórios conhecimentos e literatura), houvesse procedido sem madura deliberação, que eu disso ficaria convencido vendo outra carta, que logo me mostrou. Nesta carta se lhe ordenava que houvesse cuidado de arrecadar o que eu trouxesse de Londres, pertencente ao Real serviço; tais eram, uma coleção de livros para a Biblioteca Pública, certas máquinas, que mandara construir em Inglaterra, livros e outros objetos pertencentes à impressão Régia, e outras coisas. A inspeção desta segunda carta ocasionou em mim mui diversos sentimentos da primeira, porque, se a cogitação dos graves incômodos, que ia a padecer, me infligiu o desgosto, próprio de tais ocasiões, a reflexão que fiz agora na pobreza de espírito de quem notara tais ordens, tão manifestamente contraditórias entre si, e que nem ao menos indicavam o triste talento de inventar pretextos plausíveis, com que se costumam disfarçar procedimentos injustos; esta reflexão, digo, inspirou em mim tal desapreço dessas mesmas ordens e seus motores e executores, que esta lembrança me serviu sempre de não pequena consolação nos meus trabalhos. E até me infundiu, então, certo sentimento de superioridade aos meus perseguidores, ainda comparando a sua aparente prosperidade com o meu atual infortúnio, que me resolvo a declará-lo aqui, para que a humilhação que me custa esta confissão sirva de justo castigo a essa vaidade. Encarcerado, portanto, em um segredo de cadeia do Limoeiro, sem mais companhia que a cogitação dos meus trabalhos, a incerteza da minha sorte e os mais incômodos de semelhantes prisões, que, por serem notórios, deixo de referir; passei neste estado oito dias, até que uma noite veio o carcereiro ao segredo em que eu jazia, e me disse que tinha ordem para me conduzir perante o senhor corregedor, meu juiz, o qual me queria fazer as perguntas que deviam ser o começo do meu processo. Compareci logo perante o juiz, em um quarto que há na mesma cadeia e serve para este efeito de se fazerem as perguntas aos réus. Eu requeri logo a Sua Mercê, o senhor desembargador corregedor, que me mandasse tirar do segredo, porque eram já passados os cinco dias, em que aos magistrados é permitido conservar réus neste tormento, como é expressão nas leis que lhe citei. Respondeu o ministro, ao meu requerimento, que as leis, por mim alegadas, não eram aplicáveis ao meu caso, porque eu estava preso pela Polícia, cujos magistrados, pela lei da sua criação, não eram obrigados a seguir lei alguma, ou princípios gerais de Direito no processo dos réus, estando tudo isso deixado ao seu arbítrio, e com poderes ilimitadíssimos para a investigação dos crimes e castigo dos réus, e que enfim tal era a prática, porque o intendente-geral da Polícia costumava demorar no segredo os seus presos os dias, meses e anos que julgava conveniente, sem que ninguém lhe tomasse disso conta.

Repliquei ao ministro que ele dava à lei da criação da polícia tão vagas e absolutas interpretações, que nenhum jurisconsulto português acharia que fosse da sua opinião; porque a ser ela verdadeira, a lei da polícia, em vez de estabelecer um magistrado, para vigiar sobre a polícia e execução das leis, viria a da ordem judicial e, por consequência, do sossego público e segurança particular dos indivíduos; de maneira que, como a interpretação, que ele ministro dava à lei da polícia, fazendo o intendente superior a todo o direito, era manifestamente contrária à intenção e mente do legislador, vinha por isso a ser inadmissível. Mas ainda concedendo, o que eu negava, que a lei da criação da polícia concedesse ao intendente a superioridade a todo o direito, essa pretensa faculdade se achava restrita, no meu caso; porquanto o alvará, que por último aleguei, ordena expressamente: "Que os réus não possam estar fechados mais de cinco dias, separados da comunicação dos outros presos, sem que o regedor, com mais dois desembargadores, convenha em lhe prorrogar mais tempo, conforme a necessidade o pedir; que nunca pode ser com excesso, por ser uma espécie de tormento, o que já não tem lugar... E que o mesmo praticarão com o intendente-geral da Polícia... E que este alvará se guardará, não obstante quaisquer leis, ou disposições, que se oponham ao conteúdo nele, as quais há por derrogadas para este efeito"; e sendo este alvará posterior à lei de polícia é evidente que, nesta parte, a derroga; porque o axioma, em direito, que a lei posterior derroga a anterior.

Quanto à prática do intendente em demorar os réus de segredo mais do tempo da lei, como ele ministro me alegava, disse eu, que tão longe estava isso de me fazer aquiescer a tal costume, que eu o imputava manifesta infração da lei; e portanto inteiramente incapaz de servir de norma; porque o costume, para ter força de lei, ou poder ser alegado em direito, necessita, entre outros requisitos, que não seja de modo algum contrário a direito expresso. Donde se segue que, se o magistrado, por ignorância ou malícia, obrar contra a disposição da lei, tantas vezes o fizer, quantos crimes comete, sem que a repetição dos atos forme de nenhuma maneira costume legal. E que assim protestara pela injustiça que se me fazia, e requeria faculdade para me queixar. A isto só me respondeu o ministro que quem estava de segredo não fazia requerimentos e que passássemos ao necessário que era responder eu às perguntas judiciais que me queria fazer por ordem do intendente-geral da Polícia, e que deviam servir de princípio ao meu processo. Não me demorarei em transcrever, por menor, os termos, perguntas e respostas do processo que me fez este corregedor o qual processo constou dos interrogatórios e de uma devassa, que tirou o mesmo ministro acerca do meu procedimento, e me contentarei em referir o substancial, para não fazer esta narração demasiadamente fastidiosa, que aliás não me seria dificultosa a miudeza, pois tenho tudo bem presente à memória. As cicatrizes, que deixam feridas profundas, só com largo tempo se apagam. Depois das ordinárias perguntas sobre o meu nome, pessoa, país, naturalidade, idade, etc., passou o ministro a perguntar-me o motivo de intentar eu uma viagem à Inglaterra e de lá à França, ao que satisfiz declarando-lhe, em geral, os negócios de interesse pessoal que tinha em Londres, que me obrigaram a passar àquela capital, e que, quando eles não fossem, bastava a curiosidade de visitar duas tão célebres cidades da Europa, para me excitar a fazer esta jornada, não me tendo permitido as circunstâncias da minha vida fazê-la até então. Passo em silêncio às impertinentes instâncias e réplicas que houve a este respeito, porque basta saber-se que a quanto o ministro disse sobre este artigo satisfaria cabalmente esta pergunta: que eu não estava preso em Portugal, ou de tal modo escravo que não me fosse lícito mudar de domicílio, quando julgasse ser-me isso conveniente; que era sim sujeito às leis, a que me prezava de obedecer, mas que assaz tinha satisfeito a elas, pedindo a licença para deixar o Reino, e obtendo os passaportes necessários; como me era mui fácil provar que o tinha feito. É, porém, mui de notar, que o ministro nunca me fez pergunta alguma sobre esta matéria dos passaportes, sendo esse ponto expressamente mencionado na ordem que eu vi e de que já fiz menção. Seria esta omissão por que ele ignorasse que as perguntas que se fazem aos réus, enquanto estão de segredo, devem compreender tanto o que pode servir à justificação do réu, como que conduz para a sua incriminação, conforme a imparcialidade que deve caracterizar todos os procedimentos de um juiz? Seria esta omissão por que achando entre os meus papéis a licença e o passaporte julgou que a minha justificação seria tão fácil, como decisiva? Seria, enfim, por que achou entre os meus papéis melhor pretexto que o dos passaportes para autorizar a minha perseguição? Deixo também aqui de referir algumas outras perguntas que o corregedor me fez, absolutamente alheias do foro judicial, não só por que foram como incidente, em que se me não tornou a falar, mas também, porque algumas delas se referiam a pessoas de tão alto caráter e hierarquia, que julguei conveniente não as nomear, querendo com este silêncio evitar ódios, talvez de consequências e deixando assim por esta parte seguros ainda os meus inimigos; porque afirmo que porei sobre isso perpétuo silêncio, não deixando, porém, de me ficar a glória de mostrar, com esta ação, a diferença dos procedimentos de uma e outra parte. E aqui devo também lembrar que respondi e satisfiz a muitas perguntas impertinentes e alheias de todo propósito, somente por mostrar a obediência que desejava prestar às leis e ao magistrado; obediência que todo cidadão honrado deve fazer timbre em prestar; porque, aliás, muito bem sabia que podia não responder a tais perguntas, por não ser a isso obrigado, e que disso me não podia resultar dano algum, pois obrava conforme o direito. O que disse acima acha-se entre os meus papéis, e que deu talvez ocasião de se largar inteiramente por mão o crime de falta de passaportes, foram as minhas cartas patentes de "framaçom", e ainda outros papéis relativos à maçonaria. Eu não tive a menor dúvida em declarar, logo que fui perguntado, que aquelas cartas eram minhas, e que eu efetivamente fora admitido à Ordem da Framaçonaria, na cidade de Filadélfia, capital dos Estados Unidos da América setentrional. Perguntou-me imediatamente o ministro, que motivos tivera para me alistar nesta sociedade, ao que respondi que sabendo eu das perseguições, que alguns magistrados de Portugal tinham feito a certos homens, que se intitulavam framaçons, talvez sem que o fossem, e a quem a voz pública afirmava que estes magistrados haviam assacado muitos crimes, de que os tais presos se tinham inteiramente justificado, mas depois de serem tratados com rigor indesculpável; e observando eu, ao mesmo tempo, que este procedimento de nossos magistrados era tão avesso da estimação geral, que via dar framaçonaria por todos os homens que, naquele país, conheci notáveis em ciência e representação civil, este contraste foi o poderoso motivo que excitou a minha curiosidade e me fez solicitar a admissão a esta Ordem, para poder fazer juízo entre esses tão opostos procedimentos. O ministro instou a esta resposta, com mostras de bastante perturbação e desconcerto, dizendo-me que declarasse quem eram os magistrados perseguidores dos framaçons a quem eu, para os chamar ignorantes, punha em antítese com os homens sábios das outras partes do mundo e nações civilizadas da Europa, que protegiam ou eram membros desta sociedade. Respondi à instância que não sabia positivamente quem eram esses magistrados, pois havia recebido a notícia pela voz vaga e incerta do povo, a que não podia determinar autor, mui principalmente havendo decorrido já alguns anos que isso acontecera, mas que o fato passava por testavelmente certo. E quanto à ilação que ele ministro tirava da comparação entre o procedimento dos nossos magistrados e o das pessoas sensatas das outras nações civilizadas, essa ilação era sua e não minha, pois eu tal não proferira; e o que fiz foi somente expor os fatos, que por fazerem entre si tão notável contraste, excitaram, como era natural, a minha curiosidade. Mais algumas instâncias aqui houve de pouco momento depois das quais passou o ministro a perguntar-me algumas coisas relativas à Ordem da Framaçonaria e modo da minha introdução nesta sociedade. Mas a todas estas perguntas não quis eu, mui deliberadamente, responder, e lhe dei, de assim proceder, as seguintes razões: Não havendo em Portugal lei alguma que proíba a framaçonaria, não podia ser crime em mim o alistar-me framaçom, sendo uma consequência da liberdade civil, a faculdade moral que tem o cidadão de obrar tudo o que não é proibido pelas leis.

Que ainda no caso negado de ser a framaçonaria crime em Portugal, eu não podia ser por isso processado, porque entrei nesta sociedade em um país estrangeiro, fora da dominação de Portugal, e onde está tão longe de se reputar esta ação um crime, que antes é mui louvável, visto que a sociedade é aprovada pelas leis do país, e, o que mais é frequentada pelas mais respeitáveis pessoas da nação. E é certíssimo que as ações, que por direito natural não são intrinsecamente, mas devem ser reputadas lícitas ou ilícitas, segundo as leis do país, em que essas ações são perpetradas. Nem concedendo, o que eu negava (e era evidente que não o fazia senão com toda a razão), que o ser framaçom fosse crime em Portugal e nos Estados Unidos, onde fui recebido à Ordem, podia eu ser processado aqui, por um crime cometido naquele país, visto que ele é fora da jurisdição de Portugal.

Ponhamos o exemplo de um homem que cometeu um homicídio na China, e existe em Portugal; o homicídio é crime em Portugal e na China, mas pergunto se algum magistrado em Portugal tem direito a processar o homicida por este crime? Não. Instou o ministro que eu lhe devia responder às suas perguntas, porque ele era um magistrado legitimamente autorizado para me interrogar e processar, que a minha desobediência, em não responder às suas perguntas, era um crime, quando não fosse por outra razão, por esta de faltar ao respeito devido à sua dignidade de magistrado, e que considerasse que isso me poderia ser mui nocivo, e até que me expunha a que ele usasse de todos os meios de coação que podia pôr em prática para me obrigar a obedecer-lhe. Respondi a isto que sabia ser ele um magistrado, mas que duvidava fosse, como ele dizia, legitimamente autorizado para me processar neste caso, e que eu julgava seria mui nocivo aos meus direitos o responder-lhe; porquanto, todo o réu, que responde ou alega perante um juiz incompetente, lhe prorroga a jurisdição, isto é, que pelo ato de defender-se perante o magistrado incompetente, tacitamente aprova e estabelece nesse magistrado o direito que ele não tinha de conhecer da causa, e isto por tal maneira, que ao depois já não pode voltar atrás e opor a exceção de incompetência, ou declinatória, como os jurisconsultos se explicam; porque esta é essencialmente necessária, que se oponha primeiro, que nenhuma outra alegação. Nestes termos vinha a ser de tanta consequência o responder, ou não responder perante ele sobre esta matéria, que estava resoluto a não o fazer, sem que me fosse permitido consultar advogado, ou ao menos os livros de Direito que julgasse necessários; e como isto se não me concedia por estar de segredo, declarava a minha resolução em não responder e reclamava os meus direitos, protestando contra a violência que se me fizesse, para me obrigar a responder, ou renunciar a minha justiça. Que declarava o profundo respeito, submissão e obediência que prestava às leis e ao caráter e dignidade dele magistrado; mas que, com devido respeito, tornava a protestar que não queria responder às suas perguntas por não lesar os meus direitos, prorrogando-lhe uma jurisdição, que ele não tinha, e confessando assim tacitamente por crime uma ação que eu reputava lícita, ao menos quanto ao foro civil. Voltou o ministro, em outro dia, a perguntas, e instou comigo que eu não podia ignorar que a polícia punia e castigava severamente os framaçons, e que este costume era bastante para eu confessar ser um crime a minha admissão a esta Ordem, e além disso que expressa e manifestamente se achava proibida esta sociedade, pelos editais do Santo Ofício, e que assim nenhuma razão havia para eu deixar de responder, pelo especioso pretexto de não ser crime a framaçonaria. Respondi à instância que as perseguições ou castigos, que pela polícia se haviam dado a alguns framaçons, eu não sabia positivamente de que gênero fossem, posto que disso tivesse notícia, em geral, mas que fossem quais fossem esses procedimentos da polícia, era certíssimo que nenhum magistrado tinha o direito de estabelecer um novo crime, ou tratar de criminosa uma ação que a lei não tem declarado tal. Que o designar os crimes e estabelecer-lhe as penas correspondentes é ofício único e privadamente do legislador; e que o magistrado, que de própria autoridade estabelecia um novo crime, cometia um gravíssimo atentado aos direitos da soberania e um manifesto crime de lesa-majestade; sendo tão delicado este ponto, que até os nossos legisladores têm estabelecido que se não admita interpretação extensiva aos casos semelhantes, devendo entender-se a lei criminal só e restritivamente dos casos nela especificados. Além disto, que ainda nas mesmas disposições e vontade do legislador, para obrigarem os súditos, e terem força de lei, é essencialmente necessária a promulgação, sem a qual a lei não tem, nem pode ter força de obrigar. E que das expressões dele ministro interrogante se podia concluir que o intendente-geral da Polícia não só usurpava os direitos sagrados da soberania, estabelecendo novos crimes, mas que até queria obrigar-nos a obedecer à sua vontade, sem nenhuma promulgação, ou manifestação dessa vontade; de maneira que seriam os súditos obrigados a respeitar como lei a vontade do intendente, e demais obrigados a adivinhar essa vontade, visto que ele ainda se não dignou de a manifestar, nem sequer por um edital. E quanto à proibição do Santo Ofício, isso era um ponto de disciplina eclesiástica que só dizia respeito à minha consciência, a qual não estava sujeita ao foro secular, nem era da competência do magistrado civil que se eu fosse interrogado sobre essa matéria, pelo meu confessor ou ministro da Igreja, então responderia o que me parecesse justo.

Havia também, entre os papéis que me foram apreendidos, alguns dos quais se pretendia inferir, que eu durante a minha residência em Londres, tratara, na Grande Loja, ou Grande Oriente inglês, certos negócios relativos aos framaçons que compõem as Lojas de Portugal, e se julgam subordinadas ao Grande Oriente lusitano, ou Grande Loja residente em Lisboa. Mas como sobre este artigo eu dei ao corregedor, que me fez perguntas, as mesmas respostas que ao depois aos inquisidores, quando fui perguntado pelos mesmos pontos de incriminação, adiante falarei desta matéria para evitar repetições. E somente direi aqui uma representação que fiz a este respeito por ser interessante, porque, como eu observasse, todas as perguntas eram dirigidas a verificar um crime e de nenhuma sorte a pôr em claro a verdade, representei ao ministro que notava haver ele feito aos meus autos um apenso dos papéis, que me apreendeu, e só ajuntar nele os papéis que podiam de algum modo servir à minha incriminação, e esses truncados, como se conhecia das respostas que eu tinha dado, sendo sobre eles perguntado, que se unissem também ao apenso os papéis que faziam a minha defesa; e tais eram os meus passaportes, aviso de licença, cartas de ofício, etc., que requeria também que se ajuntasse ao apenso o meu copiador de cartas inteiro do mesmo modo que me fora apreendido e não desencadernado, como ali o via e com a falta de muitas folhas, tendo só as cópias das cartas que ele ministro quis ajuntar aos autos. Respondeu-me a este requerimento que não era necessário ajuntar aos autos a licença e passaportes pois ele me não perguntava por isso; e quanto aos mais papéis, em que eu falava, parte que os não achara, e parte que eram alheios do propósito e por isso absurdo ajuntá-los em apenso por serem inúteis, não sendo ele ministro obrigado a arrecadar senão os que convinham ao conhecimento do crime. Tornei a instar que esta falta me podia ser mui prejudicial, porque os papéis truncados e uns sem outros faziam mui diverso sentido e admitiam mui diversas interpretações das que verdadeiramente deviam ter e que o dizer ele ministro, que não acham alguns que eu nomeava e julgava necessários à minha defesa, era também circunstância que eu requeria fosse declarada nos autos; porquanto não querendo ele, ministro, fazer na minha presença o exame e inventário dos papéis que me apreendia, vinha a dar motivo a que se julgassem sonegados os que eu dizia faltarem, muito principalmente declarando ele, ministro, como acabava de declarar, que somente ajuntara em apenso os que julgara convenientes para o conhecimento do crime; que era o mesmo que dizer que ajuntara os que convinham para realizar um crime qualquer que fosse e que os ajuntara do modo mais conveniente a esse fim, sem se embaraçar dos outros que faziam a bem da minha justiça e defesa, dos quais já dava alguns por perdidos, estando eu muito bem certo que estavam junto com os outros que ali apareciam. Foram estes os artigos principais das perguntas que se me fizeram e as quais duraram muitos dias interpoladamente, porque aos serões é que o corregedor ia à cadeia a fazer-me perguntas, faltando, até nisto, às solenidades requeridas em direito, segundo o qual, os atos judiciais só podem ser praticados depois de nascer o sol e antes dele se pôr; como se acinte me quisessem dar a conhecer, que não havia mais lei que a vontade do magistrado.

Demoraram-se as perguntas por tempo de dois meses, não só porque a sua multiplicidade e repetições exigiam algum tempo, mas também porque se interpolaram dias de permeio entre umas e outras perguntas, não obstante os continuados requerimentos que fazia ao corregedor, todas as vezes que lhe falava, para que me mandasse tirar de segredo, pois sabia muito bem que obrava diretamente contra a lei em ter-me de segredo mais dos cinco dias. Ao princípio ainda se dignou dar-me alguma miserável resposta ou desculpa do seu procedimento, como deixo apontado, mas para o adiante nem ao menos se cansava com responder. No entanto que isso se passava, o mesmo corregedor tirava uma devassa de mim, mostrando nela tal desejo de criminar-me, que chegou a perguntar a algumas testemunhas se sabiam, ou suspeitavam de mim mais algum crime além daqueles, por que eram perguntados. Procedimento iníquo, reprovado por todos os direitos, e cujo castigo eu não deixaria de requerer ao Soberano, se a incomunicabilidade, em que sempre me tiveram, não me embaraçasse, sendo certo que o não haver testemunha, que contra mim depusesse coisa alguma foi, a causa de se sumir esta devassa, cuja publicidade bastaria para manifestar a minha inocência. As perguntas, que se me fizeram, serviam de especioso pretexto para me conservar de segredo, com incomunicação rigorosa, não obstante a determinação das leis em contrário; mas enfim, acabaram-se as perguntas e parou de todo o pretexto, porém não o tormento, pois eu continuava a ficar de segredo, onde jazi pelo longo período de seis meses, sem poder falar com pessoa alguma, nem ter meio algum de representar a injustiça que se me fazia a quem a pudesse remediar. Verdade é que durante este período foi algumas vezes a visita da Relação à cadeia examinar os réus presos e causas das suas prisões, mas a mim nunca me foi permitido aparecer perante o regedor. Não por falta de lei que me favorecesse, porque está determinado que o regedor das justiças nas visitas que faz à cadeia, junto com a Relação, faça semelhantes indagações a respeito de todos os presos para acautelar que os magistrados não pratiquem violências ou faltem à execução das leis, não se devendo excetuar deste exame, diz a mesma lei, nem ainda os presos que o estiveram à ordem imediata d'el-Rei. Como, porém, se fazia que a polícia me tivesse sonegado, em um segredo da cadeia, por seis meses, sem que o regedor das justiças tomasse ou pudesse tomar disso conhecimento, não é para agora averiguar. Mas devo dizer que eu não sou tão desarrazoado que clame contra um miserável executor de ordens, que ignora as causas próximas ou remotas daquilo mesmo que está obrando; lembra-me muito bem o cão de Alciato mordendo as pedras com que lhe atiram, para que possa voltar a minha indignação contra quem, impelido de uma mão, que se ignora talvez, cedendo aos tempos mais poderosos ainda do que tudo quanto o vulgo reputa mais poderoso, cumpre com o desgraçado ofício de algoz; mas julgo-me com o direito de refletir no modo por que executam tais ordens homens revestidos com o caráter de magistrados, contra uma vítima a todas as luzes inocente, porque esse modo é quem dá a conhecer à pessoa.

Uma consolação, porém, me resta, que não está nas mãos dos meus perseguidores o tirar-me, e vem a ser que padeço inocente. E ainda que o procedimento, que comigo houve, fosse tanto ou mais rigoroso do que aquele que se costuma ter com os maiores criminosos, nem por isso conseguiram os meus inimigos infamar a minha memória, para com o pequeno número das pessoas que me conhecem, porque é o crime e não a pena que produz a infâmia.

Mas para mostrar que a polícia procedeu a meu respeito com a mais decidida injustiça, basta refletir neste dilema: ou eu tinha cometido crimes que eram da competência dos magistrados civis, ou não; se os tinha, por que não me pronunciaram e não remeteram o processo para ser sentenciado? Se não os tinha, por que me atormentaram seis meses em um segredo? Dirão que tinha, com efeito, crimes da competência da Inquisição, mas neste caso torno a perguntar: por que me atormentaram seis meses em um segredo, sem me remeterem para o tribunal competente ao meu crime, visto que se me não pode nem ainda suspeitar outro algum? Perdoe-me esta expressão, se pouco modesta, sincera; estes argumentos não têm resposta, salvo se for: quero porque quero, só é lei minha vontade. Sendo certo que o corregedor, executor destas justiças, até chegou a dar ordem para que se prendesse e metesse de segredo toda e qualquer pessoa que por mim perguntasse, na cadeia, ou me quisesse mandar algum socorro de alimento ou outra coisa de que eu necessitasse; sem excetuar meu próprio irmão, a quem se ordenou que o sustento diário, que me mandava, fosse entregue a um dos guardas da prisão, sem que chegasse, ao menos, junto à escada da cadeia a perguntar aos guardas pelo estado da minha saúde, procedimento natural a um beleguim, mas indecentíssimo em um magistrado. Eu sei que depois da minha evasão dos cárceres da Inquisição, certos membros da polícia se gabaram de me haver arruinado, porque, disseram eles, o menos que ele sofre é um desterro perpétuo. Sim, perdi a pátria, mas aprendi a apreciar o que ela vale, e o que diz Filangieri: que o desterro em uma república é pena capital, mas na monarquia é pena mui diminuta; eu sei o que ganhei com perder a pátria, que foi a minha liberdade, e viver tranquilo; e os que se gabam de me haver oprimido vivem sempre no temor de sofrer a mesma injustiça, quando lhe couber a sorte, visto que nenhuma inocência é capaz de proteger o cidadão, com tão iníquos magistrados, por não nomear mais ninguém. Passado este tempo, entrou o carcereiro uma noite no segredo em que eu estava, vinha ele acompanhado de quatro ou seis homens assaz mal-encarados e disse-me que aqueles senhores me vinham buscar e que os acompanhasse; perguntei-lhe para onde, responderam-me que não sabiam. Este ar misterioso e procedimento absurdo me deu logo a conhecer que me dirigia para os cárceres da Inquisição; o que havia já tempos que eu esperava, pois tal devia ser a marcha das coisas, visto o concerto que se havia feito entre as pessoas que deviam figurar na tragédia da minha perseguição. Com efeito, subi a uma sege que tinham preparado onde achei um taciturno companheiro, e cercado por alguns beleguins do Santo Ofício, que marchavam de pé, fui levado à rua de São José ou portas de Santo Antão: ali, para que não pudesse presumir o meu destino quem visse partir a sege entramos em um beco, que ficava à esquerda, onde me fizeram apear e a pé continuei o caminho pelo beco adiante, vindo ter outra vez ao Rocio, por outra saída que tem o mesmo beco e conduzido à porta dos cárceres da Inquisição, onde já me esperavam. Depois que entrei fui levado a uma casa, onde me fizeram o assento, ou termo de prisão. Aqui fizeram um inventário da minha roupa e perguntaram se eu tinha faca, ou canivete, tesoura, navalha, ou qualquer coisa de ferro; igualmente se tinha alguma coisa de ouro, ou prata, ou pedras preciosas e que sobre isto a minha palavra bastava. Eu tinha algumas moedas de ouro, as quais apresentei logo, julgando estupidamente que eles confiavam na minha palavra, mas assim que obtiveram isto, e eu disse que nada mais tinha de metal, deram-me uma rigorosa busca até às mais escondidas partes do corpo. O carcereiro, que ali, por maior autoridade, tem o nome de alcaide dos cárceres, fez-me uma admoestação, em que me recomendava portar-me com muita seriedade naquela respeitável casa, que não fizesse bulha no meu cárcere nem falasse alto, para não ser sentido pelos outros presos que estivessem em cárceres vizinhos ao meu, e outras advertências deste gênero; conduziu-me depois a um cárcere que era um pequeno quarto de doze pés por oito, com uma porta para o corredor, e nesta porta duas grades de ferro distantes uma da outra a grossura da parede, que é de quatro palmos; por fora destas grades há outra porta de tábua; no cimo desta porta de tábua fica uma bandeira ou fresta, por onde entra no cárcere a claridade reflexa, que lhe pode vir da luz do corredor, a qual o corredor de fora recebe das janelas que tem para os saguões. Neste pequeno quarto havia um estrado de tábua com um enxergão que me servia de cama, uma bilha com água e um vaso para as necessidades da natureza, que se despejava de oito em oito dias, enquanto eu ia à missa. Este cárcere é de abóbada por cima e por baixo e o pavimento de tijolo, e como as paredes são de pedra e mui grossas é o aposento, no inverno, sobre muito frio, tão úmido que as paredes e grades via muitas vezes cobertas de gotas de água, como de grosso orvalho; a minha roupa, durante o inverno, estava continuamente molhada. Tal foi o meu aposento pelo espaço de mais de dois anos e meio. No dia seguinte, ao que entrei nos cárceres, pela manhã, veio falar-me o alcaide, vestido de capa e volta, aparato com que o via sempre nos dias de despacho do tribunal; perguntou-me se era acostumado a passar só com o jantar, ou se era necessário para a minha saúde comer mais alguma vez ao dia; respondi-lhe que me era mui penoso passar sem almoço, estando no costume de tomar todas as manhãs algum chá ou café; replicou-me o alcaide que ali não era casa de acepipes, mas que se dava aos presos o que lhes era necessário, que por então se me mandava buscar um copo de café a um botequim; visto que eu tinha passado a noite antecedente sem ceia, mas que para ao depois se daria parte ao Senhor Inquisidor, para ver o que ele determinava a este respeito. Às nove horas dessa manhã, voltou o alcaide com um dos guardas dos cárceres para me conduzir à audiência, que me dava o inquisidor nomeado para meu juiz e relator da minha causa; e coube-me o presidente da Mesa pequena, Manuel Estanislau Fragoso. A afabilidade com que este padre me falou, logo que cheguei à audiência, durou com igualdade por todo o tempo do meu processo, se excetuar uma ou duas vezes, em que o achei de mau humor. Não obstante tudo quanto eu tinha lido e ouvido sobre a Inquisição, julgava que os procedimentos deste tribunal não tinham já aquele caráter de crueldade, nascida da ignorância do direito criminal de seus ministros, e da insaciável cobiça de se aproveitarem dos bens alheios, a título de confiscação, e esperava eu que o meu processo findaria com brevidade, lisonjeando-me com a esperança de uma sentença que, fosse qual fosse, me seria grata, só por me ver livre do horror de um cárcere solitário, em que jazia sepultado por tantos meses. Mas devo confessar, para que sirva de escarmento aos mais, a minha credulidade pueril, esta esperança de achar no Santo Ofício brandura, clemência, ou brevidade de processo, em nenhum outro fundamento se estribava, senão na voz popular, que apregoa em toda parte de Portugal que o Santo Ofício está mui mudado; que já se não praticam as crueldades que de antes se faziam, porque o tribunal é composto hoje de ministros iluminados com os novos escritos, que têm melhorado a jurisprudência criminal, executam com discrição o novo Regimento, que lhe foi dado por el-Rei D. José. Mui vergonhoso me é, porém é verdade, haver eu acreditado, contra o testemunho do mundo sábio e literato, um rumor popular, sem refletir ao menos que este rumor podia ser espalhado pelo artifício dos inquisidores, que tiveram arte para difundir, em todos os tempos, opiniões dirigidas a seus fins e interesses, e de as conservar em crédito por mui dilatado tempo; tais são, por exemplo, os ridículos contos que espalharam acerca dos judeus, e que irritaram contra estes homens toda a nação, a ponto de que consentia tranquilamente que os inquisidores se enriquecessem com os bens das suas infelizes vítimas, sem que ninguém atentasse na injustiça dessas transações; adiante terei ocasião de dizer mais alguma coisa sobre este tribunal em geral, por hora continuarei o fio da minha narração, que melhor demonstra o estado atual do Santo Ofício, do que todos os raciocínios que se podem fazer a este respeito. O inquisidor achava-se, na audiência, com outro padre que servia de escrivão, ou notário, segundo a sua frase; e começou as perguntas, as quais notava ao escrivão, que as escrevia, inquirindo-me o nome, país, naturalidade; depois, se tinha recebido alguma violência da parte do familiar do Santo Ofício que me conduzira à prisão e se sabia por que causa estava ali preso. Advertiu-me que eu estava no tribunal mais justo e misericordioso que havia sobre a Terra, mas que para obter da sua piedade o perdão dos meus crimes, era necessário que confessasse de moto próprio todos os crimes que tivesse cometido, sem omitir cúmplices, fatores, ou circunstância alguma; que esta confissão devia ser imediatamente feita, porque era aquele o momento mais favorável que tinham os presos da Inquisição, visto que, se por diante confessasse o que ao princípio ocultasse, já não experimentaria a mesma benignidade. Disse eu ao inquisidor que, sendo preso pela polícia por ter ido a Londres sem passaporte, e não me fazendo sobre isto perguntas algumas, e só sim sobre o haver-me introduzido na Ordem da Framaçonaria, me dava este procedimento lugar de conjeturar que o motivo de me achar preso na Inquisição era o ser eu framaçom, que se este era o crime de que estava acusado, me achava disposto para o confessar, tanto por ser verdade, como para obter a piedade, e misericórdia, que ele inquisidor me prometia, mas que se eu me enganava nesta conjetura, e os crimes de que estava acusado eram outros, houvesse por bem de os declarar, para eu responder a eles o que fosse justo. Retorquiu o inquisidor que louvava muito a minha determinação, mas que me tornava a admoestar com muita claridade, que examinasse bem a minha consciência, e não deixasse de me acusar de tudo o que tivesse feito em todos os períodos da minha vida; que eu tinha cometido crimes da competência daquele tribunal, e que disso estava acusado, que me lembrasse da sua advertência, que o acusar-me eu a mim mesmo era sumamente importante para a salvação da minha alma, desencargo da minha consciência, e bom despacho da minha causa, e que ele inquisidor, por me fazer mercê, me tornava a remeter para o meu cárcere, para me dar tempo a examinar a consistência. Eu disse-lhe que o maior favor que lhe podia dever era abreviar a minha causa, porque havendo estado preso de segredo seis meses, estava com a saúde de tal modo arruinada, que nenhuma outra coisa me importava mais, que ter uma sentença, a fim de me ver livre do tormento, de maneira que por mais rigorosa que a sentença pudesse ser, era na minha opinião preferível ao cárcere solitário em que me achava, e com tais circunstâncias que caminhava para uma destruição inevitável, tanto mais temível, porque acabava definhando-me pouco a pouco, e morrendo lentamente. Reconduzido ao cárcere, veio o alcaide dizer-me que a bondade dos senhores inquisidores tinha concedido, que além da ração ordinária se me desse para almoçar o copo de café, e, além disto, em atenção a minha moléstia se me daria cada dia algum vinho. A ração ordinária, em que me falavam, consta de meio arrátel de carne cozida, que na verdade vem sem osso, como se costuma dizer, mas como o osso que lhe tiram entra no peso do meio arrátel, vem alguns dias a porção a ser limitadíssima, mais algumas colheres de arroz, uma tigela de caldo e pão. Esta ração é cozinhada pelo cozinheiro dos cárceres, lá mesmo dentro, em ordem a poder evitar-se que pela comida se comunique algum escrito aos presos; costumam-na dar ao meio-dia. O despenseiro subministra ao cozinheiro o dinheiro necessário para se comprarem os artigos que hão de servir à mantença dos presos, e estas despesas são feitas pela tesouraria do tribunal; e, quando se contam aos réus à custa do processo, entram também todas estas despesas do mantimento que se cobram com exação pelos bens dos réus. As únicas pessoas, porém, que têm acesso aos cárceres, e podem ver ou falar aos presos, são o alcaide e quatro guardas fiéis dos cárceres, que conduzem os presos às audiências, e são, ao mesmo tempo, os algozes para dar os tormentos; estes servem também aos presos, trazendo-lhes aquilo de que hão mister, como a ração do comer, água, etc.; adiante terei talvez ocasião de lembrar alguma exceção desta regra, mas cumpre observar aqui que estes guardas são propriamente espias que observam tudo o que se passa nos cárceres para o referir aos inquisidores, não só que podem tirar da conversação dos presos, mas até do que veem e observam por uns pequenos orifícios praticados nos ângulos da abóbada superior dos cárceres.

Depois que me vi recolhido ao meu cárcere, para fazer exame de consciência, meditei bem em todas as palavras que me tinham dito, e comparando-as com as relações de algumas pessoas que, sendo presas pela Inquisição, publicaram a história dos seus trabalhos, não me restou a menor dúvida sobre o fingimento das expressões que me enunciavam tanta bondade, e o tempo justificou inteiramente a minha suspeita. Conheci claramente o motivo daquele ar misterioso, com que o inquisidor me recomendava delatar-me de todos os crimes de que me sentisse culpado; esta medida tende a excitar nos réus a desconfiança de que haverá no Santo Ofício notícias exatas da sua vida, para que desta maneira, amedrontados, descubram coisas de que os inquisidores não tivessem conhecimento; este temor, junto às grandes promessas de misericórdia, no caso de acusação voluntária, tem sido sempre um dos mais eficazes meios que os inquisidores empregam para descobrir da gente simples coisas, que aliás lhes seria impossível saber. Quanto a mim, tinha quase certeza moral de que não podia estar delatado de outros crimes, não era tão ignorante, que me expusesse a fazer a acusação de mim mesmo, sendo manifesto a todas as luzes que o dever do réu é defender-se, e não acusar-se. Passados oito dias, tornaram-me a levar à audiência, e o inquisidor perguntou-me se havia feito exame da minha consciência, como me tinha ordenado, e se estava deliberado acusar-me sinceramente de todos os crimes de que me sentisse culpado. Respondi que das reflexões que fizera, no tempo dos oito dias, só resultava poder dizer-lhe que suspeitava estar preso por framaçom, que disso já me tinha acusado, e que ele devia saber que era verdadeira a minha acusação, pois ele inquisidor mui provavelmente teria em seu poder as minhas cartas patentes, que naturalmente lhe seriam enviadas pela polícia.

Replicou-me o inquisidor que eu abusava da sua bondade em esperar, pois me mostrava contumaz em não querer fazer a minha confissão voluntária, que o haver eu dito simplesmente que era framaçom de nada valia, e que assim me tornava a admoestar com muita claridade, que me acusasse de todos os crimes que tivesse cometido, e que fossem da competência daquele tribunal, onde me achava delatado, e que me lembrasse que isso é o que me convinha para desencargo da minha consciência, salvação da minha alma, e bom despacho da minha causa, e que, por me fazer mercê, me tornava a remeter para o meu cárcere, para me dar tempo a fazer melhor exame de consciência, e refletir mais no que tanto me importava. Metido, portanto, neste círculo vicioso, perdi logo as esperanças até da brevidade do processo, com que a princípio me lisonjeara, e era o meu único desejo, mas sempre lhe tornei a representar que ao favor que ele me fazia de me mandar para o cárcere a examinar de novo a consciência, eu preferia o outro de começar, e adiantar o meu processo a ver se obtinha uma sentença, que no estado atual da minha saúde era o que mais me convinha. Requeri também que mandasse à minha casa buscar-me a roupa de meu uso, principalmente roupa branca, porque não tinha mais que uma camisa, que trazia no corpo havia mais de oito dias, e que por isso era de grande necessidade mudá-la. Despediu-me o inquisidor então com mostras de muita afabilidade, assegurando-me que teria ali todos os socorros espirituais e corporais de que necessitasse, e até alguma roupa se me mandaria fazer, caso me fosse preciso, ou se mandaria buscar a minha, já que eu preferia isso. Seguiram-se outros oito dias de demora e tornei a ser levado perante o meu juiz: comecei a conferência representando-lhe a necessidade que tinha da minha roupa, porque a camisa, que trazia vestida, era de mais de vinte dias, e que eu não tinha recebido nada dos oferecimentos que ele me tinha feito talvez por culpa dos executores; e suposto que já a este tempo estava eu bem persuadido da inutilidade das minhas rogativas e requerimentos, tornei, contudo, a lembrar o favor que tanto desejava, e necessitava, da brevidade do meu processo, e para não enfastiar o leitor, com repetições, advertirei aqui, uma vez para sempre, que todas as vezes que nos avistamos, eu repeti a minha formalidade de requerer a brevidade da causa, e ele a sua admoestação caritativa de que fizesse exame de consciência para me acusar de todos os crimes que tivesse cometido, porque isso era o que mais me convinha para desencargo da minha consciência, salvação da minha alma e bom despacho da minha causa, e apenas será necessário notar aqui, que esta advertência, tão repetida, fazia sempre em mim a mesma impressão que o meu requerimento ao inquisidor. Neste dia, porém, mais alguma coisa se fez, porque me disse o inquisidor que eu havia dito que estava disposto a confessar ser framaçom, e a sua caridade se estendia a tanto que me receberia naquele dia a deposição; e que para eu ficar persuadido da sinceridade com que ele me falava, me fazia uma advertência, não como juiz, mas como meu amigo, e era que a simples declaração de ser eu framaçom de nada servia, e que para fazer esta confissão atendível era necessário referir as particularidades, e muito principalmente as pessoas que reconhecesse por framaçons e o lugar onde estavam os cofres ou caixas dos dinheiros da Ordem da Framaçonaria. Declarei portanto o tempo em que fui recebido framaçom e a loja onde, e por quem fui admitido; e quanto aos nomes das pessoas eu apenas me lembrara daqueles que vinham assinados nas minhas cartas patentes, e se outros me lembrara os dissera, porque as pessoas, que assistiram à minha recepção, viviam em país onde não tinham nenhuma dúvida em fazer os seus nomes públicos. Quanto aos cofres, disse que era verdade, como todo mundo sabia, que as lojas tinham seus cofres particulares, e as grandes lojas cofres-gerais, mas isso está encarregado às pessoas deputadas para esses diferentes empregos do governo da Ordem, e eu não podia dar disso nenhuma informação. Que isto era tudo quanto me lembrava declarar, mas se ele desejava saber mais, houvesse por bem perguntar-me, e eu responderia como melhor soubesse. Mandou-me retirar ao meu cárcere, fazendo-me a admoestação do costume e eu o requerimento que tinha adotado para formulário. Desta vez foi a demora que me deram de quinze dias, durante os quais me ocupei em fazer todos os atos de reflexão que eram necessários para me encher de paciência e armar-me com todo o sangue-frio que o caso requeria. Estas repetições de admoestações, delongas, e artifícios, cuja reiteração até ao leitor terão já causado enjoo, só podiam achar remédio em uma prudência consumada, ou em uma indiferença estoica, da qual eu me conhecia incapaz, porque essas qualidades são, senão incompatíveis ao menos mui difíceis de encontrar na idade de vinte e oito anos, em que eu me achava, e num temperamento como o meu, naturalmente sanguíneo e fogoso. Mas como quer que a mesma necessidade extrema subministre recursos inesperados, pude ajuntar, com muita reflexão, um pequeno fundo de tranquilidade, que foi provido à custa de exaurir todas as minhas potências e sentimentos, ficando com todo este tesouro de reserva muito inferior, as aplicações que dele devia fazer, nas circunstâncias presentes. Daqui tirará o leitor a razão por que eu não respondi a certas perguntas, como outros talvez fariam em meu lugar, e a franqueza desta declaração espero que me obtenha desculpa daquelas pessoas que sabem virtuosamente perdoar fragilidades invencíveis da humanidade. Sendo certo que um dos maiores tormentos que sofri na Inquisição foi a infinidade de interrogatórios, multiplicados expressamente para me perder com as promessas, carícias, ameaças, tudo em termos vagos, indeterminados, ou falsos, constantes promessas de prontidão em findar o processo, exortações para ter paciência, protestações de caridade, e tudo em palavras ambíguas que davam lugar às mais funestas conjeturas. Quando tornei a aparecer perante o juiz, depois destes quinze dias, disse-lhe logo que trazia uma camisa no corpo de quase dois meses, não obstante ter requerido muitas vezes que me mandassem buscar a minha roupa, e os repetidos oferecimentos do inquisidor; que pedira sabão ao alcaide e lavava em um alguidar essa mesma camisa que tinha, ficando, no entanto, nu; mas que, como fosse a primeira vez que me ocupasse naquele exercício, o fiz tão mal que piorei talvez o estado da camisa, ficando-lhe muita parte do sabão pegado, que eu não sabia tirar, o que me era nocivo por uma erupção cutânea que me começava a atacar, resultado já das alterações de humores que eram consequência necessária do estado moral e físico da minha vida. Desta representação resultou ir o alcaide ao meu cárcere levar-me uma camisa, que me mandaram comprar; tal qual era, e uma, fui obrigado a aceitá-la, pela necessidade extrema em que estava, e daí em diante essas duas camisas entraram na alternativa de estar uma no corpo e outra na lavadeira, a qual camisa era levada pelos guardas para a mandarem lavar, sofrendo muitas vezes a demora de um mês; a respeito de vestuário passei assim ano e meio, até que a minha roupa do uso veio; não por me fazerem favor em mandarem buscar em minha casa, mas pelas razões que adiante exporei. Desculpe-me o leitor descer a estes miúdos incidentes, porque, sem referir tais anedotas, não poderia cabalmente mostrar que os grandes oferecimentos e aparências de bondade eram puros efeitos da hipocrisia, caráter que atribuí ao princípio aos meus juízes. Nem há nesta hipocrisia que admirar, ela é companheira, ou protetora do temor, que é consequência inevitável do poder usurpado e cruel; e a Inquisição nenhum homem mais teme e aborrece do que os aplicados a letras, ou amigos das ciências. Haviam decorrido os dois meses que estava nesta prisão quando o inquisidor se resolveu a fazer-me perguntas, as quais na forma do Regimento do Santo Ofício são divididas em três sessões, que devem começar dentro em dez dias. A primeira é chamada sessão de genealogia; a segunda, sessão "in genere"; a terceira, sessão "in specie". Cada uma destas sessões durou muitos dias e, sempre que se acabavam as perguntas e que o inquisidor me mandava recolher ao cárcere, repetia ele as protestações de caridade do Tribunal, e necessidade de me acusar de todos os crimes; pelo que deixando a série dos dias continuarei a minha relação seguindo a matéria e ordem das sessões. Na sessão de genealogia fui indagado pelos nomes, meu, de meus pais e parentes, suas naturalidades, estados e idades; perguntando-se me, também, se sabia ou suspeitava que algum dos meus parentes tivesse já estado na Inquisição e por que crimes. Depois os nomes dos padrinhos de batismo e crisma, sacramentos que tinha recebido; daí a forma e cuidados que tiveram as pessoas que me educaram em me ensinar os preceitos da religião cristã e o respeito devido ao sagrado tribunal do Santo Ofício e, ultimamente, o exame da doutrina cristã. Um pequeno incidente, que aqui houve, mostrará soberba e orgulho das pessoas que compõem este tribunal. Mandou-me o inquisidor que ajoelhasse diante dele para dizer a doutrina; mas eu retorqui-lhe que um dos pontos, que me haviam ensinado na mesma doutrina cristã, era que dos três cultos de latria, hiperdulia e dulia se devia dar só a Deus o culto de latria, no que se compreende ajoelhar com ambos os joelhos; e que era um dos maiores pecados tributar este culto à criatura, e por mais que ele instou, não me resolvi a fazê-lo, dando-lhe por escusa que temia ser aquilo artifício dele inquisidor, para experimentar a minha fé, vendo se eu era capaz de idolatrar adorando-o a ele; não obstante asseverar-me que esse era o costume do tribunal, não só quando os réus eram examinados da doutrina, na audiência, mas também quando eram levados à mesa do Tribunal, no tempo que os ministros estavam a ponto de deliberar para dar a sentença, oferecendo esta ocasião ao réu de impetrar, com a humilhação, a misericórdia de seus juízes; e ao depois, quando se lhe proferia a sentença, que também de joelhos se costuma ouvir. A segunda sessão é chamada "in genere", por se perguntar ao réu pelos crimes todos de que pode haver suspeita, sem que efetivamente se fale naqueles de que há especial delação; e como o artifício, que nisto há, se não poderá bem explicar sem referir, por menor, ao menos algumas perguntas serei obrigado a passar a miudezas, que, aliás, omitiria.

Eis aqui as principais perguntas desta sessão.

Pergunta: Em que idade começou a estudar?

Resposta: Não poderei dizer com certeza.

P.: Fixe ao menos com probabilidade a época em que deixou o mestre de ler e escrever, para passar ao estudo da gramática latina?

R.: Seria aos nove anos.

P.: Sabe ou suspeita razão por que de tão tenra idade o fizeram entrar para o estudo da gramática latina?

R.: Não.

P.: O compêndio da gramática latina era o antigo dos jesuítas ou algum dos modernos?

R.: O Novo Método do padre Antônio Pereira.

P.: Que línguas mortas estudou além da latina?

R.: Grega.

P.: Os seus professores, quando lhe ensinavam a traduzir os clássicos gentios, faziam-lhe observar os erros abomináveis que, muitas vezes, se propagam por esses livros, onde há sempre mais ou menos vestígios das falsas superstições dos antigos?

R.: Sim.

P.: Que línguas vivas estudou?

R.: Todas aquelas que na Europa são mais necessárias, já pelas relações que as suas respectivas nações têm conosco, já pelas obras científicas que nessas línguas se acham escritas.

P.: Que motivos teve para estudar essas línguas?

R.: O desejo de me pôr em estado de poder aprender as ciências, o que não poderia bem-fazer sem entender os livros que nessas línguas estão escritos.

P.: Quando começou a aprender as línguas vivas, sabia o perigo que havia na leitura dos livros ímpios que nessas línguas se acham escritos, principalmente no francês, inglês e alemão?

R.: Como o Tribunal ao Santo Ofício tem o cuidado de proibir os livros maus e deixar correr somente os bons, não devia eu presumir que me pudesse chegar à mão algum livro ímpio; portanto, nessa parte tinha a minha consciência sossegada, porque não podia supor, sem ofensa do crédito daquele tribunal, tão vigilante nos seus deveres, que consentiria chegar-me à mão livros dessa natureza.

P.: Que graus acadêmicos tem?

R.: Bacharel formado em Leis e bacharel em Filosofia, pela Universidade de Coimbra.

P.: Que mais estudos tem feito além destes, por que obteve os graus acadêmicos?

R.: Matemática, Geografia, História, e em geral, Belas Letras.

P.: Os livros de que se serviu para esses estudos eram nacionais ou estrangeiros e quem eram seus autores?

R.: Eu costumei sempre lançar mão de qualquer livro que julgava bom, ou me inculcavam portal, na matéria que queria estudar, sem me embaraçar de outra coisa senão que fosse escrito em língua que eu entendesse; e quanto a referir os nomes dos autores, isso me é impossível, só pelo que diz respeito à minha faculdade principal, que é o Direito; quanto mais a respeito de todas as outras matérias, a que secundariamente me tenho aplicado, ou porque essas matérias tenham conexão com a jurisprudência, ou porque as quisesse só conhecer para meu desenfado e recreação.

P.: Declare ao menos os compêndios ou livros elementares por que estudou?

R.: Pelo que toca aos estudos da Universidade de Coimbra, segui os compêndios aprovados pela mesma universidade, e quanto aos outros estudos, não sendo obrigado a seguir método particular, usava já de uns outros livros, segundo o que julgava mais conveniente, de maneira que referir um catálogo desses livros seria tão dificultoso que admiro haver quem suponha que um homem aplicado às letras possa satisfazer com exação a tal pergunta.

P.: Noto que, mostrando tão grande curiosidade em se aplicar a diferentes ramos da ciência, alheias inteiramente da sua profissão de jurisconsulto, não se lembrasse nunca da Teologia ou ciências que lhe são análogas, donde parece que mui de propósito desestima a mais sublime e interessante de todas as ciências, qual é a Teologia?

R.: Dificilmente poderá alguém dar a razão por que se afeiçoa mais a estes do que àqueles estudos, mas o não me aplicar eu à Teologia talvez nascesse da ideia que fazia da dificuldade daquela ciência, e do perigo que podia ter estudando-a sem os laboriosos estudos preparatórios que lhe são necessários, como línguas hebraica, siríaca e outras coisas, para o que certamente não havia em algum lugar, no assaz ocupado e breve decurso da minha vida.

P.: Está persuadido que o estudo da Teologia é sumamente interessante, e ainda, que compreende muitas questões curiosas, dignas da aplicação do filósofo cristão?

R.: Como sei que é bastante, para a salvação, entender o Catecismo da Doutrina Cristã, com isso me tenho contentado, deixando aos talentos mais superiores ou a quem tiver essa vocação, aplicar-se às matérias teológicas.

P.: O estudo de Direito Canônico, que necessariamente havia fazer no segundo ano jurídico, na Universidade de Coimbra, não obrigou a examinar algumas questões sobre matérias eclesiásticas e objetos pertencentes à religião? Declare sinceramente quais foram os pontos sobre que duvidou e que quis examinar?

R.: No segundo ano jurídico só se estuda o Direito Canônico elementarmente, não compreendendo os estudos desse ano mais do que as Histórias Sagrada e Eclesiástica e os elementos de Direito Canônico, Público e Particular; nem eu estudei essas matérias, senão quando era bastante para cumprir com a obrigação diária das aulas.

P.: Nos seus estudos de Filosofia, necessariamente, havia encontrar e examinar questões que têm relação direta e imediata com as verdades da religião, tal é, por exemplo, na Metafísica, a existência de Deus, a imortalidade da alma; na Ética, o sumo do bem e outras. Declare, portanto se leu por autores que impugnem estas verdades?

R.: É verdade que fui obrigado a estudar esses pontos; mas como aprendi Metafísica e Ética na Universidade de Coimbra, é claro que os compêndios eram ortodoxos, pois deviam ser aprovados pela mesma Universidade.

P.: Disputou em alguma parte, com algumas pessoas, sobre tais pontos? Quem foram essas pessoas? Em que tempo isso sucedeu? Seguiu nas questões a parte afirmativa ou negativa e por que motivos?

R.: No decurso da minha vida muitas vezes tenho tido ocasião de falar nessas matérias, já por obrigação nos exercícios das sabatinas, nas aulas, já por conversação fora delas; mas ser-me-á impossível lembrar, agora, quem foram essas pessoas ou os pontos sobre que se tratou nessas palestras literárias.

P.: Está lembrado que dessas disputas ou conversas lhe ficassem algumas dúvidas sobre as verdades da religião, e consultou sobre isso algumas pessoas?

R.: Não.

Concluo, enfim, este longo e tedioso interrogatório com o exame das viagens que tinha feito tanto no Reino como fora dele, os motivos dessas viagens, pessoas com quem falei, objetos sobre que versou a minha curiosidade; misturando-se sempre nestas perguntas, cautelosamente, algumas tendentes sempre a descobrir se eu tinha ocasião de entrar em dúvida sobre a verdade da religião cristã em que fora educado, e sobre a legitimidade do Tribunal do Santo Ofício e sua utilidade à Igreja e ao Estado; o que não refiro por extenso porque o exemplo acima basta para dar a conhecer a impertinente miudeza das perguntas, dirigidas a envolver o artifício com que pretendem descobrir os sentimentos do réu. A terceira sessão, chamada "in specie", por se perguntar nela especialmente pelo crime de que o réu está delatado, começou, perguntando-me o inquisidor se estava lembrado de haver confessado perante ele que era framaçom, e se queria ratificar esta confissão ou negá-la.

Respondi-lhe que estava pronto a ratificar a confissão; e o inquisidor perguntou-me como me atrevera eu a fazer uma ação que sabia era proibida pelo Santo Ofício; e que declarasse se o tinha feito, sem mero desprezo daquele sagrado tribunal ou seduzido por algum motivo de sórdido interesse ou razões fúteis, que me desencaminhassem com boas aparências. Disse-lhe que a curiosidade de conhecer o interior da Sociedade dos Framaçons tinha sido um dos incentivos que me obrigaram a alistar-me nesta sociedade, mas que também deliberara consultando certo eclesiástico, que passava por homem de conhecimento, na sua profissão. Não é de minha intenção, disse eu, defender ou sustentar as suas razões, mas simplesmente as refiro para satisfazer a pergunta. A proibição que faz o Santo Ofício, para que ninguém se aliste na Sociedade dos Framaçons, não é de nenhuma maneira obrigatória para todos os cristãos; em geral, nem diz respeito a ponto algum essencial da religião, mas sim, é um regulamento de mera disciplina eclesiástica, e relativo somente às igrejas, em particular, que estão em países onde se acha estabelecido o Tribunal da Inquisição; porque as leis da Igreja, que são feitas sobre pontos essenciais da religião e que hão de obrigar a todos os fiéis, são emanadas dos concílios gerais ou ao menos dos papas, mas dirigidas a todos os bispos do mundo, para as darem à execução, e esta proibição da framaçonaria, que foi cometida ao Santo Ofício somente, é claro que só teve em vista obrigar aos países que viviam sujeitos a esse tribunal; e como eu fui recebido a esta sociedade em um país onde não há Inquisição e onde são publicamente framaçons grande número de católicos romanos, e até bispos, sem que pessoa alguma nisso reparasse, estava claro que eu ali não estava sujeito a essa determinação da Inquisição, sendo certo que os católicos se devem conformar com a disciplina daquela Igreja em que vivem. Instou o inquisidor que estes raciocínios eram puros sofismas, porque a proibição, de que se tratava, emanara do papa, a quem todos os fiéis estão sujeitos, vivam em que igreja viverem e que assim eu não devia entrar na Sociedade dos Framaçons, devendo antes lembrar-me das proibições da Inquisição, do que atender as opiniões de um indivíduo fosse quem fosse. Tornei a esta instância, que eu não pretendia defender, nem fazer minhas as razões do teólogo, e que declarava que eu me queria sujeitar em tudo e por tudo ao que o tribunal determinasse e me ensinasse como regra de fé, mas que, mandando-me ele inquisidor dizer as razões desse eclesiástico que me seduzira e, julgando eu também, que a exposição das suas razões serviria ao menos para mostrar que eu enganado por elas tivera cometido o crime por que estava preso e não em mera desatenção das ordens daquele tribunal; declarava que, entre essas razões que ouvira a que poderia servir de resposta a esta instância dele inquisidor, vinha a ser: que a bula do Papa Clemente XII e a outra do Papa Benedito XIV, estabelecendo a proibição de que se trata, dão por motivo que a Sociedade dos Framaçons é herética, donde se segue que a disposição dessas bulas se funda e estriba em um falso pressuposto, porque a minha experiência e a atestação de todos os homens que têm falado desta matéria prova que a Sociedade dos Framaçons não só não é herética, mas nem sequer nela se podem tratar matérias religiosas: regulamento essencial em uma corporação onde há membros de todas as religiões do mundo, porque se fosse permitido nesta sociedade tratar matérias de religião, seria isto um pomo de discórdia que dissolveria talvez, em breve, os vínculos da Sociedade, pelo afinco com que todos os homens costumam defender as suas opiniões neste artigo.

Não existindo, portanto, o fato da suposta heresia, em cuja presunção se fundava a disposição da bula, está claro que já ela não obriga, pois que cessa inteiramente a razão da determinação. Além disto, pelas concordatas e leis de Portugal não são os portugueses sujeitos às bulas do pontífice, senão depois que elas têm o Plácito Régio. E como o Soberano ainda não promulgou que concedia a estas bulas a sua real aprovação, é evidente, não só que os portugueses não estão sujeitos a essa bula, mas ainda que cometem um crime os magistrados que a dão em execução. O inquisidor suspendeu neste ponto as perguntas, mandando-me conduzir ao cárcere, posto que a conferência não tinha durado mais de dez minutos ou um quarto de hora, o que me admirou, porque nunca havia nestas sessões menor demora que duas horas, mas como no dia seguinte e daí em diante trazia o inquisidor já em um papel o rol das perguntas que me havia fazer, o que eu podia perceber por lhe ficar mui próximo ao seu lado direito, na cabeceira da mesa; vim a conjeturar, que as perguntas e instâncias, que ele me fazia, eram resultado da sua meditação antecipada ou de combinação com os companheiros; e mais me persuadi disto, porque todas as vezes que a minha resposta era algum tanto fora do que se podia esperar, suspendia o inquisidor o ato das perguntas, e no dia seguinte é que fazia a instância. Argumentou-me, portanto o inquisidor, em outro dia, contra a minha resposta: que refletindo no que ultimamente eu havia dito, se conhecia com evidência que eu fazia aquelas razões minhas, posto que as atribuísse ao teólogo com quem me aconselhei; porquanto, eu nessa resposta havia dito que a minha experiência me ensinara não ser a Sociedade herética, e que declarasse portanto o sentido dessas palavras, que havia dito. Respondi que o sentido dessas palavras não era outro senão o óbvio da significação natural das mesmas palavras; que eu naquilo queria dizer, que tendo ouvido ao teólogo meu conselheiro e a muitas outras pessoas, que a Sociedade dos Framaçons não tinha nada de herética, achei pela minha experiência ser isso verdade; porque entrando nas lojas, ou assembleias da mesma Sociedade, nunca vira, nem ouvira praticar coisa alguma que dissesse respeito à religião e portanto dizia eu que não tinha achado na Sociedade dos Framaçons em que pudesse cair o nome de heresia. Instou o inquisidor mais, que eu nas minhas palavras mostrava que era não só réu do crime de heresia como os mais pedreiros-livres, mas também, que era contumaz, pertinaz, renitente, negativo diminuto e afirmativo.

Respondi que eu me admirava muito de que ele inquisidor me declarasse pertinaz e negativo, e todos os mais nomes que lhe aprouve dar-me; portanto eu não me propunha defender proposição alguma contrária aos dogmas da fé, pois nunca a tais matérias me apliquei, e nisso me submetia inteiramente às decisões da Igreja e ao que o Tribunal me prescrevesse como regra de fé: que eu fora ali perguntado por um fato, e respondera sobre ele o que tinha visto, ouvido e presenciado, isto é, que nunca observei na Sociedade dos Framaçons tratar coisa alguma relativa à religião e que isto era a verdade do fato por que era perguntado e só me poderiam chamar negativo se houvesse quem afirmasse que nesta asserção eu faltava à verdade, o que eu estava certíssimo que ninguém faria; não só porque eu na realidade nunca assistira à coisa que pudesse ter o nome de herética, mas porque sabia, pelo conhecimento que tinha da Sociedade dos Framaçons, que nela se não podia falar nem discorrer sobre assuntos religiosos, nem praticar coisa que se opusesse à religião de cada um dos sócios; e quanto a ele inquisidor dizer-me que eu me faria réu do crime de heresia, era um ataque tão sensível e injusto, que eu requeria já e imediatamente, que me dissesse em que era eu herege para eu poder logo e já incontinenti desencarregar a minha consciência renunciando à heresia.

Diz o inquisidor que eu me fazia réu de heresia em querer sustentar que a Sociedade dos Pedreiros-Livres não era herética, quando ela estava declarada tal pelos sumos pontífices. Tornei eu que o crime de heresia é a defesa pertinaz de algum dogma ou proposição condenada pela Igreja Universal e contrária ao símbolo da fé católica. Que me dissesse portanto ele inquisidor qual era o dogma a que eu me opunha, ou tinha oposto, porque estava pronto para o reconhecer e desdizer-me; e que portanto era manifesto que eu não faria defesa pertinaz, o que era necessário para ser réu do crime de heresia; assim que apontasse ele o dogma ou dogmas de fé que queria que eu reconhecesse que eu estava pronto a fazê-lo; logo, se eu não fazia a protestação dos artigos de fé, que ele supunha não reconhecer eu, a culpa era sua e não minha, e que oferecendo eu submissamente a minha vontade não havia pertinácia e logo não podia haver heresia. O inquisidor continuou que me declarava consistir a minha pertinácia herética, em não confessar e declarar que a Sociedade dos Framaçons era herética, como os sumos-pontífices haviam definido. Repliquei que, sem entrar na controvérsia de que o pontífice pode ou não definir pontos de dogma, era certíssimo que nenhum dos pontífices tinha declarado a Sociedade dos Framaçons herética, dizendo simplesmente a bula que os suspeitava tais, talvez pelo pouco conhecimento que naqueles tempos havia da framaçonaria. Que muito menos podia eu declarar a Sociedade dos Framaçons herética, quando os papas o não haviam feito; que em mim só cabia depor a respeito do fato, declarando o que lá vira, que isso fazia eu afirmando que nunca lá na Sociedade observara coisa alguma contrária à religião; mas se ele inquisidor sabia que na Ordem ou Sociedade dos Framaçons havia alguma coisa contrária à religião, que me declarasse qual era, porque eu o ignorava, e, declarando-ma ele, eu faria todas as renúncias, abjurações e protestações que ele julgasse necessárias.

Retorquiu o inquisidor que ele me não podia satisfazer ao que eu lhe pedia, porque ignorava os fins ocultos e economia interna desta Sociedade; e que a mim competia declará-lo e renunciar em geral à Sociedade por ser herética. Tornei a responder que se eu declarasse que renunciava à Sociedade das Framaçons, por ser herética, vinha tacitamente a acusar de heresia a Sociedade; o que julgava não devia fazer por duas razões: uma, porque obrava contra a minha consciência infamando de herética aquela Sociedade na qual eu nunca observara coisa a que pudesse competir o nome de heresia; outra, porque obrava contra o meu interesse, visto que, logo que eu dissesse que renunciava à Sociedade por ser herética, dava lugar a que ele Inquisidor me perguntasse, com muita razão, por essa ou essas heresias que eu renunciava; e então, ou eu me havia contradizer a mim mesmo afirmando que não havia heresia na Sociedade, que eu renunciava por herética, ou havia levantar falsos testemunhos à Sociedade, imputando-lhe coisas que não observara, e fazendo-me ao mesmo tempo réu de crimes que a não tinha cometido, o que não podia ser da intenção daquele tribunal querer que eu fizesse, porque mais de uma vez me haviam recomendado que nas minhas deposições não levantasse falso testemunho nem a mim nem a outrem. O inquisidor aqui mostrou-se mais bem informado do que eu esperava, porque referiu por menor muitas coisas que se praticavam na Sociedade dos Framaçons; mas com essas informações verdadeiras misturou muitas coisas que assim não são, por onde conheci que ele nem ao menos havia lido os autores modernos que têm escrito sobre a Sociedade dos Framaçons, a favor e contra. Referiu-me, por exemplo, algumas das cerimônias que se costumam observar na instalação, ou recepção dos novos framaçons à ordem: a fórmula do juramento; posto que muito truncada, os diferentes graus e dignidades que há na Ordem, e insígnias com que os framaçons se condecoram, quando estão nas suas lojas ou assembleias da Ordem, e daqui concluiu que tudo isto eram práticas supersticiosas; e que sabiam a heresia, e que declarasse eu o conceito e juízo que fazia dessas práticas que ele me apontava. Respondi que as cerimônias se haviam introduzido no mundo, em todas as sociedades ou ajuntamentos de homens, por se julgarem necessárias para conservar a ordem, sem a qual os ajuntamentos seriam meros tumultos. Que aos olhos do filósofo são igualmente ridículas todas as cerimônias e formalidades, ou sejam simbólicas ou ordinatícias, mas todos confessam que são necessárias e assim as achamos na administração da justiça, nos exercícios militares, nas funções e solenidades das Cortes, etc.; e ainda entre os particulares, nas companhias domésticas, onde ninguém se atreve a faltar a certos pequenos usos de cerimônia, de sua natureza indiferentes, mas que o costume tem estabelecido com o nome de cortesia, civilidade; e outros, que foram introduzidos, para o útil fim de manter a ordem nas sociedades. Neste ponto de vista olhava eu para todas as cerimônias que os maçons praticam; não obstante que algumas sejam muito alheias dos usos e costumes das nações modernas, o que eu atribuía aos costumes das nações de onde a framaçonaria se diz originária e a quererem os framaçons conservar esses usos antigos, porque sendo indiferentes, talvez igualmente ridículas, posto que necessárias, todas as formalidades de cortesia, melhor é conservar as antigas do que inventar outras, visto que aquelas podem conciliar algum respeito pela sua antiguidade, e estas podem trazer incômodos que quase sempre acompanham a alteração dos costumes antigos. Que não obstante ser este o conceito que eu fazia das práticas cerimoniais dos framaçons, contudo mudava de opinião se a Inquisição me dissesse que era conveniente fazê-lo. O inquisidor instou que eu errava muito no conceito que fazia sobre a prática cerimonial dos framaçons, atribuindo-a a meras formalidades de ordem, ou de cortesia, porque as insígnias com que eles se condecoram nas suas assembleias e são publicamente conhecidas, pois eles não fazem mistério de as ocultar, são todas simbólicas e tiradas do ofício de pedreiro, donde lhe vem o nome de pedreiros-livres ou framaçons; e posto que todos tragam o avental, contudo, as figuras bordadas, ou pintadas nesses aventais, diferem segundo os diversos graus dos mesmos maçons assim como são também diferentes as joias que trazem pendentes ao pescoço, porque uns trazem o compasso, outros a trolha, outros a esquadria e outros instrumentos, mas todos tirados do ofício de pedreiro; e sem embargo de que eles fazem públicas estas insígnias, ocultam com véu do mais impenetrável mistério o que isto significa; de maneira que, até hoje, ainda ninguém pôde saber ao certo que relação tenha o ofício de pedreiro com a Ordem da Framaçonaria; e todos os framaçons, que se têm perguntado sobre estas matérias, respondem tão desvairadamente uns dos outros, que se continua na mesma ignorância. Parece-me que muitas pessoas de literatura e instrução, mas só em certo grau, me acusarão aqui de falta de prudência, em argumentar eu, ou produzir razões em um tribunal, onde os homens a renunciar à razão; dirão, também, que é prudente ceder à força maior, e que assim como um homem atacado pelos salteadores, em lugar deserto, deve fazer o que eles lhe mandarem e entregar-lhes o dinheiro que pedem e a que manifestamente esses salteadores não têm direito, só para escapar com a vida; assim e bem semelhantemente, o homem preso na Inquisição deve conceder tudo quanto os inquisidores quiserem, para se ver livre da perseguição injusta e evitar os males maiores, visto que nada irrita os inquisidores tanto como um homem que raciocina. Confesso que esta reflexão é exata e judiciosa, ao menos até certo ponto; mas segui diversos caminhos por várias razões. 1º porque as instâncias e objeções, que o inquisidor me fazia, eram pela maior parte tão absurdas, e manifestamente fúteis, que temia mostrar-me convencido pelas suas razões para que me não suspeitassem o fingimento, cedendo eu logo sem fazer alguma resistência. 2º porque o hábito de obrar com sinceridade faz mui dificultoso o fingimento em tais ocasiões; quando o homem se julga injustamente perseguido e atacado com a capa de justiça. 3º porque não queria que o meu silêncio autorizasse os inquisidores a dizer, como eles costumam, na inquisição, que se viram obrigados a castigar, contra os seus desejos, porque o réu negava, mas não se defendia, e mostrava assim que não tinha nem ao menos desculpa, com que disfarçasse o crime. 4º porque na minha idade, e temperamento, é mui difícil achar o sangue-frio, e sossego de espírito, que são necessários para ouvir estes ataques injustos e absurdos, sem lhes opor alguma contradição.

Não será exageração se eu disser que cheguei a ter febre, ouvindo os argumentos e razões que se me produziam e a fleuma e vagar com que se continuavam; nem isso será difícil de acreditar às pessoas que, conhecendo-me pessoalmente, sabem a vivacidade do meu gênio. Mas, tornando à matéria das perguntas, continuou o inquisidor que o impenetrável segredo com que os framaçons ocultavam, todos os seus procedimentos eram razão bastante para se conjeturar da Sociedade dos framaçons todas as maldades possíveis, conforme aquele dito do poeta: Que as coisas honestas sempre se devem fazer em público. E ultimamente a comunicação com os hereges e homens de diferente religião, que naquela sociedade se ajuntavam, era razão mais que suficiente para que todo bom católico tivesse em execração aquela sociedade, só por não fazer suspeita a sua fé, comunicando com homens de diferente religião. Mandou-me o inquisidor juntamente que declarasse o peso que me faziam as razões, que acabava de ouvir.

Respondi que estava pronto, como sempre estive, para seguir e observar os preceitos da Igreja, e o que aquele tribunal em seu nome me ordenasse, mas quanto às razões que ele inquisidor tinha produzido, não lhe podia eu achar a força convincente que ele lhe supunha, e diria o por quê, a fim de ser melhor instruído e satisfazer ao que ele me ordenava, declarando ao mesmo tempo, que não era minha intenção defender de nenhuma maneira a Sociedade dos framaçons; que protestava uma, e muitas vezes, que tal não era minha vontade; e só a que me propunha era manifestar as dúvidas que achava nas suas razões, para ser instruído acerca delas, visto que, sem as manifestar, não haveria ocasião dele inquisidor as ilustrar, nem eu obedeceria ao que me mandava. Quanto à primeira razão do inquisidor tirada de se deverem reputar supersticiosas as cerimônias dos maçons, por serem simbólicas, e deduzidas do ofício de pedreiro, respondi eu que não diria nada sobre a causa de serem os símbolos da framaçonaria tirados do ofício de pedreiro, porque isso se poderia conhecer lendo-se as histórias da Ordem dos framaçons, que correm impressas, e se devem, a certos respeitos, ter por autênticas, por serem publicadas de ordem, ou ao menos de consentimento, de algumas lojas de framaçons, além de que, qualquer explicação que eu desse a esses símbolos seria suspeita, pois ele inquisidor já me tinha declarado que a grande variedade de respostas dos framaçons tirava o crédito a todos, mas sem entrar na averiguação da significação dessas cerimônias, em particular; podia dizer-se, em geral, que, ignorando ele inquisidor, como confessava ignorar, a significação, fins e motivos do cerimonial dos framaçons, parecia não ter direito a pronunciar que eram supersticiosas essas cerimônias. Instava o inquisidor que o número ternário serve, entre os maçons, para os toques com que nas lojas se chamam uns aos outros, para os sinais por que se conhecem onde quer que se encontrem, e para quase tudo o que obram como framaçons, devendo-se daqui concluir, dizia o inquisidor, que eles respeitavam supersticiosamente o número três, que já os antigos pagãos tinham em veneração. Mas isto, no inquisidor, era suposição arbitrária, porque esses toques e sinais são coisas de mera convenção; e isto que ele diria do número três, o poderia dizer do número quatro, cinco, ou outro qualquer que os framaçons escolhessem, pois com igual razão perguntaria ele inquisidor, por que não usam os framaçons de outro número para os seus sinais senão do quaternário, quinário etc.? Além de que a qualidade dos homens que há, e tem havido nesta sociedade, bem deixa ver que não é a superstição de respeitar um número em abstrato o que une os framaçons em sociedade. Quanto ao segundo argumento, respondi que me admirava muito, acusando ele os framaçons de heréticos, trazer em prova o dito de um poeta pagão: que o crime de heresia era o maior entre os católicos; e para tão séria acusação outras provas se deviam esperar do que uma simples conjetura fundada no dito de um poeta. E sobre isto é tão manifesta a necessidade do segredo em todos os negócios do mundo, que até um pai de família se abstém de tratar das suas disposições domésticas perante estranhos, o que todos reputam não só prudência, mas até civilidade. Quanto mais que de ninguém menos do que do Santo Ofício se podia esperar trouxessem o segredo, como argumento da maldade, visto que os segredos e mistérios da Inquisição até passam já em provérbio.

O terceiro argumento da comunicação com pessoas de diferente religião parece bem pouco concludente, porque os negociantes, que se ajuntam na praça para comerciar, como o seu fim seja unicamente comprar e vender, não se embaraçam com a religião do comprador ou vendedor, porque a matéria sobre que tratam é a que importa e faz o único objeto da sua associação, e ninguém dirá, hoje em dia, que o negociante de Lisboa, católico romano, deve ser suspeito na sua fé por comprar trigo ao maometano, vender açúcar ao protestante, cambiar com o judeu, e assim por diante. Do mesmo modo, militar no exército associa indistintamente com o seu camarada católico, ou não católico, sem que a sua fé seja suspeita; porque o fim da sua associação é a guerra, e não a religião de um ou outro. Semelhantemente se não poderá ter por suspeita a fé dos framaçons, só porque associam com outros de diferente religião, visto que os motivos da sua associação são os negócios relativos à sociedade, e de nenhum modo matérias religiosas. Mas ainda concedendo, que o segredo da associação dos framaçons desse ocasião de conjeturar, que os seus fins eram maus, não havia razão para concluir logo: é herética, porque esta asserção particular, de certo e determinado crime, pede também provas determinadas e positivas, e não meras conjeturas. Enfim, concluí eu, seja qual for o peso das razões que me produziram, e das que eu aleguei, estou pronto para renunciar, e abjurar todos os erros, ou heresias dos framaçons, contanto que me digam quais eles são, porque me parece que devo saber o que abjuro e renuncio. Reduzido enfim o inquisidor a não poder dizer-me o que queria que eu abjurasse, nem eu achar meio de fazer uma abjuração, sem me atrever a abjurar não sabendo o que abjurava, contentou-se com que dizer que renunciasse sua Sociedade dos framaçons sem declarar que era herética, mas simplesmente, porque era proibida. Aqui tornei eu a pedir uma declaração sobre o que devia entender pela renúncia da Sociedade dos framaçons. Declarou o Inquisidor que havendo eu contraído obrigações mútuas com a Sociedade e ela comigo, devia eu declarar-me desobrigado de quaisquer promessas que tivesse feito à sociedade, e renunciar a todos os direitos, que tivesse a mesma sociedade, e que no caso de que pelos efeitos se conhecesse ao depois, que eu tinha usado de alguns direitos, que a sociedade tivesse, ou cumprido com alguma obrigação, que a seu respeito houvesse contraído, seria castigado severamente, com as penas que se haviam de declarar no termo por mim assinado, quando fosse ouvir a minha sentença.

Como esta renúncia se diferia para depois da sentença, não quis dizer nesta ocasião o que me ocorreu, mas sempre lembrei ao inquisidor que os efeitos das minhas obrigações para com a Sociedade só poderiam ser visíveis ou conhecidos, no caso de que estando eu em necessidade, me aproveitasse dos socorros da Sociedade, ou de alguns membros seus, em particular, ou reciprocamente socorresse algum, que dos meus auxílios necessitasse; que obrigarem-me os inquisidores a renunciar estes cômodos e encargos, era o mesmo que mandarem-me renunciar uma lei de direito natural, a que nenhum homem se deve subtrair; pois é evidente que, em caso de necessidade, o direito natural me concede e manda não só aceitar a esmola de outro homem, seja maometano, seja o que for, mas ainda usar, contra vontade de seu dono, daquilo de que tenha absoluta necessidade; e lá me custava a entender como me podiam obrigar a assinar um termo de morrer de fome, antes do que aceitar um pedaço de pão que me desse um framaçom. Semelhantemente renunciar eu à obrigação, que tenho, de favorecer ao próximo quando ele necessita, e eu o posso fazer, era obrar contra o direito natural e contra as máximas do Evangelho, porque a caridade, tão recomendada no mesmo Evangelho, não faz distinção de pessoas; mas enfim, se a Inquisição me ordenava que excluísse da caridade e do nome de próximo aos framaçons, eu diria isso no termo quando fosse tempo de o fazer. O inquisidor advertiu-me que o meu procedimento me fazia indigno da misericórdia daquele tribunal, e inutilizava a confissão que eu tinha feito de ser framaçom, porque para ela me valer seria necessário que não tivesse as diminuições ponderosas que tinha, visto que eu ocultava as circunstâncias que de absoluta necessidade se deviam declarar, assim que em nome de Cristo Senhor nosso me admoestava que satisfizesse as seguintes perguntas para desencarregar a minha consciência e merecer a misericórdia do Tribunal.

Primeira: Quem eram os framaçons portugueses que eu conhecia? Segunda: Onde estava a caixa do dinheiro, ou cofres das lojas de Portugal? Terceira: Que negócios dos framaçons portugueses havia eu tratado na Grande Loja de Londres?

Quarta: Qual era o estado atual da framaçonaria em Portugal?

Continuou o inquisidor dizendo que ele sabia muito bem, estar eu assaz informado para poder satisfazer cabalmente a estas perguntas, porque constava no Tribunal do Santo Ofício, com plena prova, que eu era um dos membros das lojas de Portugal e que fora por elas mandado a Londres, a tratar os seus negócios no Grande Oriente Inglês, e que esse fora o único, ou ao menos principal motivo da minha viagem à Inglaterra e França. Eu observei ao inquisidor que me causava não pequeno temor ver ao meu juiz tão prejudicado e contrário aos meus interesses, que já dava por certos e provados os crimes de que eu era acusado, antes de ouvir a minha defesa, dando esta parcialidade lugar a que eu conjeturasse que havia ser condenado por esses crimes de que havia sido delatado, fossem quais fossem as razões que alegasse em minha defesa. Não obstante porém desanimar-me ele inquisidor, com a declaração de que já havia feito conceito da causa antes de me ouvir, produziria algumas das minhas razões para lhe obedecer, satisfazendo as perguntas. Quanto à primeira: Que para se provar que eu conhecia ou sabia de alguns framaçons portugueses, seria necessário o confessarem eles que se tinham reconhecido comigo; o que eu estava certo de que nenhum teria feito, e caso houvesse alguém que tal dissesse, eu lhe responderia quando fôssemos acareados, ou quando se me publicassem as provas, eu satisfaria a elas como entendesse. A segunda: Que eu não sabia coisa alguma de caixa, ou cofres, ou dinheiro dos framaçons, e posto que eu o soubesse quando fui preso, não devia ele inquisidor fazer tão baixo conceito da prudência dos framaçons, que não mudassem as coisas de maneira que ficassem seguros, no caso de que algum momento de fraqueza ou covardia me obrigasse a relatar isso quanto mais que eu não sabia dos dinheiros dos framaçons quanto era nem aonde existia; e repetia o que já tinha respondido a outras perguntas, que os dinheiros da ordem estão encarregados a pessoas que administram a economia da sociedade e não me tendo pertencido a distribuição desses cargos nada podia dizer a esse respeito. Além disto, não compreende, que relação tinha com o desencargo da minha consciência dinheiro dos framaçons, porque não sabia que o crime da maçonaria se pudesse também estender ao dinheiro do, framaçons e fosse eu obrigado a delatá-lo para ser este recolhido aos cárceres da Inquisição, como se o dinheiro pudesse também ser criminoso, ou que por algum direito ele pudesse ser tirado a seus donos sendo certo que nenhuma lei, nem ainda a bula do pontífice, que proíbe a framaçonaria, faz disto um crime confiscação.

A terceira: Que suposto ele inquisidor asseverar que sabia ter eu ido de propósito a Londres para tratar, no Grande Oriente inglês, negócios relativos às lojas portuguesas; contudo, quando se me permitisse dar a minha defesa, ou me fosse apresentado libelo e publicadas as provas, eu daria também provas incontestáveis de que tive negócios interessantes, que me levaram a Londres, independentes de nenhuma negociação maçônica; e pelo que dizia respeito aos papéis que me foram achados, esses haviam sido escritos em Londres sem nenhuma relação às lojas portuguesas, que a maior parte desses papéis eram exercícios das línguas inglesa, francesa e alemã, que eu fazia para me adestrar na escrita daqueles idiomas e que por isso havia entre esses papéis traduções do inglês para o francês, deste para o alemão, do inglês para o português, etc.; que o assunto desses exercícios era indiferente e promíscuo, pelo que achando-se entre esses papéis alguns relativos à framaçonaria, que acidentalmente eu copiara de livros, que correm impressos, deu isto ocasião a que o ministro, que me fez apreensão nos meus papéis, separasse em minha ausência só os que tratavam de maçonaria, e ainda esses mutilasse de maneira que pareciam indicar alguma transação seguida de framaçonaria, o que eu mostraria com evidência, quando esses papéis me fossem apresentados para os analisar e responder a eles.

A quarta: Que eu havia passado muitos anos fora de Portugal, em diferentes épocas, nas minhas viagens, e quando fora preso tinha imediatamente chegado de Londres, e que isso era motivo bastante para eu não poder dar exata informação do estado da framaçonaria em Portugal. Instou o inquisidor que ele sabia ter eu conhecimento de F e F (declarando os nomes) que eram também framaçons e assim que eu não podia deixar de os conhecer por tais, e que, para me mostrar a caridade com que me tratava, me advertia para melhorar muito e muito o estado da minha causa, não havia mais que confessar que esses sujeitos eram framaçons; porque não somente isso era verdade, mas que eles não faziam dúvida de o dar publicamente a conhecer, e além disto, que alguns dos que ele inquisidor me apontava estavam em tão elevados empregos, que não devia eu recear que a minha declaração lhes fosse de nenhuma sorte prejudicial. Que o declarar eu onde existiam os cofres dos framaçons, e qual seria o meio mais eficaz de se colher este dinheiro, era coisa muito necessária para o desencargo da minha consciência e bom despacho da minha causa, porque era inquestionavelmente certo que estes dinheiros facilitavam muito as suas maldades e crimes, que, portanto, tirar-lhe esta ocasião era muito útil ao serviço de Deus e do Estado. E pelo que dizia respeito aos papéis, era conveniente que eu respondesse o que tivesse a dizer antes de os ver e examinar, o que ele inquisidor assim determinava para meu benefício, porque as respostas, que eu desse de repente, seriam mais facilmente reputadas sinceras pelos juízes, que houvessem de sentenciar a minha causa. Respondi: Que nestes pontos não tinha que acrescentar às respostas que havia dado, que a declaração dos nomes de certas pessoas, feita por ele inquisidor interrogante, tinha menos aparência de pergunta do que de sugestão, a qual é expressamente proibida em direito: que a respeito do dinheiro nem ao menos podia dizer se existia, quanto mais a sua quantidade ou lugar em que parava; e menos me podia embaraçar com dar planos para que a Inquisição o pudesse haver às mãos. Pelo que pertencia aos papéis, disse que me era absolutamente impossível responder a eles, em particular, sem os ter à vista, porque não conservava de memória os seus assuntos, e só podia responder, em geral, que esses papéis eram meros exercícios, ou falando por termos da escola, temas em que eu me adestrava nas línguas que desejava saber com perfeição, sem que as matérias e objetos nesses temas mencionados fossem reais e existentes. E, sendo uma regra de hermenêutica, que a interpretação que qualquer escritor dá aos seus escritos é autêntica, e indubitavelmente preferível à interpretação que lhe dá outro qualquer estranho, porque ninguém pode conhecer melhor o sentido das palavras e escritos de um autor, do que o mesmo autor que as escreveu, evidentemente se seguia que aqueles papéis deviam ser entendidos conforme a minha explicação; ou de outra maneira, ao meu acusador cumpria provar que a inteligência que eu dava a esses escritos não era conforme a intenção com que os escrevera; e eu estava certíssimo que ninguém poderia exibir a menor prova de que a interpretação que eu dava aos meus escritos não era genuína e verdadeira.

Ultimamente, depois de muitos debates, apareceram os papéis; mas como as coarctadas, que eu dei a eles, dependiam da análise das suas palavras, não me demorarei em miudear os argumentos e respostas que houve a este respeito, porque, sem os mesmos papéis, ficaria ininteligível a narração; contentar-me-ei portanto com dizer que aqueles papéis não mostravam nem indicavam transação de forma alguma seguida, antes me parece que fiz verossimilmente demonstrável serem esses papéis simples cópias, algumas extraídas de livros, sem outro fim mais do que o servirem de exercícios nas diferentes línguas em que eram escritos, e para isto usei dos seguintes argumentos: Primeiro: A falta de conexão de matérias, nos papéis, que diziam respeito à maçonaria, o que era bem visível apesar dos ofícios os cuidados com que os arranjaram, a fim de mostrar uma transação, ou negócio seguido. Segundo: Os conhecidíssimos anacronismos nas datas dos papéis, que as tinham, que não correspondendo de forma alguma com as épocas da minha vida, mostravam que aqueles papéis não tinham o fim que indicavam, nem foram escritos onde designavam, e portanto eram fictícios os seus assuntos, e de nenhuma maneira tinham objeto real, e existente, como eles diziam. Terceiro: A confusão de matérias que havia nos mesmos papéis, não sendo natural que a eles serem de tal natureza, que pertencessem a certas e determinadas transações maçônicas, se achassem misturados com outros que diziam respeito às negociações comerciais, a matérias científicas e de tal modo confundidos que visivelmente se conhecia terem por único fim exercícios de escrita ou gramática naqueles diferentes idiomas. Quarto: A forma dos mesmos papéis, que mostrava não serem pertencentes a negociação, ou transação séria, porque quase todos se achavam escritos em ordem, uns em folha de papel inteiro, outras em quartos de papéis, em capas de cartas, em cadernos cosidos, cheios de emendas e entrelinhas, borrões, passagens riscadas e substituídas por outras sobre diferente matéria, mas com as mesmas frases de linguagem do que se conhecia, que o fim daquela escrita era o estudo gramatical da língua, sendo indiferente a matéria sobre que o exercício versava. Esta laboriosa parte das minhas respostas exigia, como é manifesto, tempo e vagar, para examinar e combinar os papéis uns com os outros, pois nessa comparação consistia principalmente a explicação que eu deles dava; não obstante isso, nunca me concederam tê-los em meu poder, e quando os via era em audiência; mostravam-me os que eu pedia, mas separados dos outros, e nunca me deixavam tocar-lhes com a mão, apesar das representações que fazia, de me ser impossível lembrar da matéria daqueles escritos e de poder responder às perguntas que me faziam, em particular, sobre cada um deles, sem os passar pelos olhos todos uma e mais vezes; porque quanto à resposta geral para todos, a que fica dita era mais que suficiente. Estas perguntas duraram oito meses e, se não fosse essa demora feita muito de propósito, em dois meses se poderiam concluir bem à vontade, não só porque notei inumeráveis perguntas escusadas e impertinentes ao caso a que nunca pude achar conexão com a minha causa; senão porque se interpolavam dias entre umas e outras, fosse para me dar tempo a resolver-me em declarar o que eles queriam, o que era para esperar, vista a impaciência, que a todos causa, o sangue-frio e vagar com que ali se atormentam os réus, fosse por seguir a mesma máxima do ministro, que me fez os interrogatórios na cadeia do Limoeiro. Passaram-se seis meses, depois que se acabaram as perguntas, sem que eu pudesse ter notícia se o meu processo continuava ou não, e durante este período pedi muitas vezes audiência, ou mesa, segundo a fraseologia da casa, e só duas vezes ma negaram, as demais era logo conduzido perante o inquisidor, o qual a todos os requerimentos que lhe fiz, para que adiantasse o meu processo e para que me dissesse o estado em que a causa estava, e que me desse licença para nomear procurador que fizesse os requerimentos e diligências necessárias à brevidade do processo, nunca obtive dele outra resposta senão, que estivesse descansado, que estava em um tribunal de muita justiça e misericórdia, que não me era necessário outro procurador mais do que ele inquisidor, o qual se encarregava de trabalhar mais como procurador do que como juiz; porém, que da minha parte devia eu também merecer a misericórdia do tribunal, confessando as culpas de que estava acusado. E como não alcançava nunca outra resposta, cheguei a deixar inteiramente de fazer requerimentos. Aos quatorze meses da minha prisão nos cárceres do Santo Ofício, sem que pudesse ter a menor notícia do estado da minha causa, fui chamado ao quarto das audiências, e, quando julgava que era para falar ao inquisidor, achei-me com um homem, que disse ser um letrado nomeado pelo Tribunal da Inquisição para advogar a minha causa, cujo nome disse ser Antônio Joaquim Torres de Abreu (39). Mostrou-me os autos do meu processo, que tinha na mão; um arrazoado que havia já feito em minha defesa, uma procuração feita por um dos notários do tribunal, em que nomeava ele letrado para meu advogado, e procurador na causa, e um auto de renúncia de todas as dilações, vistas, réplicas e mais formalidades de direito, a fim de se fazerem os autos conclusos logo, e serem sentenciados, e enfim o libelo do promotor das justiças da Inquisição, para responder a ele. Quanto ao feito, e autos do processo, pedi ao advogado que mos deixasse ler para poder examinar os ditos das testemunhas, que jurassem contra mim, e seus nomes, a fim de informar a ele advogado das contraditas que lhes podia pôr, e também para examinar os papéis que andavam apensos, e que era necessário serem lidos, com cuidado, para se lhe dar a devida explicação a cada um deles em particular, o que eu não pude fazer bem, no ato das perguntas, porque não havia sido permitido examiná-los.

A isto satisfez o advogado com dizer que eu bem sabia que era aquela uma casa toda de segredo, e assim punha com razão muita dúvida em mostrar-me os autos, além de que ele me dava a sua palavra de que não havia uma só testemunha que jurasse contra mim e que assim era absolutamente desnecessário gastar tempo com isso, e pelo que dizia respeito aos papéis, que as respostas, dadas na ocasião das perguntas, eram mais que suficientes para a minha defesa.

O libelo do promotor era breve, e dizia, em suma, que me acusava de ser pedreiro-livre, ou framaçom, o que se provava da minha confissão e das cartas patentes que eu tinha reconhecido por minhas, e que devia ser castigado por isso com todo o rigor de direito, sem me valer a confissão, porque ocultara parte do que tinha feito sendo framaçom, visto que negava haver tratado, na Grande Loja de Londres, negócios relativos às lojas portuguesas, e que portanto devia ser julgado negativo e diminuto. A alegação do advogado, em minha defesa, compreendia uma lauda de papel somente, e nela dizia que oferecia a minha confissão, para que em virtude dela eu fosse castigado com a brandura, e misericórdia, que aquele tribunal costuma, e quanto à parte em que o promotor me acusava de diminuto oferecia as respostas que eu havia dado às perguntas, que se me tinham feito; e que se devia dar mais crédito à explicação que eu dava aos meus papéis, do que às palavras ou expressões dos mesmos papéis, como se determina em direito em um título do Código Justiniano – *Plus Valere*. Tal foi toda a sua alegação, sem que ao menos citasse alguma lei desse título que fosse aplicável ao meu caso. Eu observei ao advogado isto mesmo, mas satisfez-me com dizer que de cabeça lhe não lembraram os números ou palavras daquelas leis, e que naquele tribunal é proibido ao advogado levar os autos para casa, nem ainda extrair apontamentos, de modo que só pode o advogado dizer o que lhe lembrar de memória. Eu não instei sobre isto, assim porque sabia ser, em parte, verdade o que o advogado dizia; como também porque o desejo que tinha de ter uma sentença para me ver livre dos cárceres da Inquisição, me fazia olhar como grande felicidade a mais rigorosa sentença, contanto que fosse saindo daquela habitação de tormento. Além disto, eu não tinha a menor confiança no advogado, nem a poderia ter em nenhum outro, em semelhante tribunal, sabendo o juramento a que eles se sujeitam, antes que tomem entregue da causa, que os obriga a trair o seu cliente.

A minha defesa era óbvia e fundada no mais forte argumento, porque, não havendo lei do reino que proíba a maçonaria, nem se tendo publicado plácito régio à bula do pontífice que fez esta proibição, os inquisidores não só me não podiam castigar por falta de jurisdição, mas até cometiam um crime em me ter preso, como confessa o mesmo inquisidor-geral, Cardeal da Cunha, no proêmio ao novo Regimento do Santo Ofício. Mas de que me servia alegar eu o meu direito em um tribunal despótico, que não dá razão do que obra, com um advogado escolhido por eles e peitado com a misérrima espórtula que recebe por advogar na Inquisição? Com cair-me cuidei em acelerar a sentença, que quanto a sua qualidade nada me importava. A procuração trazia que eu, em virtude da minha livre escolha, tinha nomeado aquele advogado, mas eu nenhuma dúvida tive em assinar esta falsidade, porque eu a não tinha escrito, e o tormento em que estava me fazia olhar qualquer demora, no processo, como um mal insuportável, além de que eu sabia muito bem, que pelo crime de pedreiro-livre, me não podiam dar uma pena vil, e toda a outra era um bem, comparada com a minha situação. O termo de renúncia das delações, e mais formalidades judiciais, em que se me fingia pedir ser logo sentenciado, foi o que eu assinei com mais vontade e prazer, e talvez a vista deste papel foi a que me fez desatender todas as mais considerações. Por outra parte, bastava refletir sobre todas estas transações para me persuadir que aquelas formalidades não eram mais do que um entremez, com o nome de processo judicial, e que o meu destino estava há muito tempo fixo e determinado, fossem quais fossem os meus advogados ou os termos da minha defesa.

Passaram-se seis meses, depois que eu tive esta conferência com o advogado, sem tornar a ter notícia alguma do estado da minha causa; e julgo que outro qualquer no meu lugar se persuadiria que ia ser sentenciado, vistos os papéis que assinei e até a certeza que disso me deu o advogado. Mas no fim desses seis meses, que faziam vinte de prisão no Santo Ofício, fui chamado à audiência, e querendo eu perguntar pelo estado da minha causa, me disse o inquisidor que nisso não falasse porque não era necessário, e eu deveria descansar na piedade e misericórdia daquele tribunal, e na caridade dele inquisidor que já muitas vezes me tinha certificado de que faria toda a diligência para abreviar o meu processo; que por então me mandava chamar para me dizer que, como eu havia representado muitas vezes que não tinha roupa para vestir, ele inquisidor se resolvia a mandá-la buscar, mas que era obrigado a dizer-me que o senhorio, das casas onde os meus móveis estavam, queria as suas casas despejadas e que havendo requerido isso pela polícia deveria eu nomear algum dos meus amigos para se encarregar dos meus bens, alguns dos quais se tinham já mandado para depósito público. O tempo, que me tinham demorado nos cárceres da Inquisição, era mais que suficiente para me dar a conhecer os motivos e fins de semelhantes caridades; e assim respondi ao inquisidor que os meus móveis estavam não em casa minha ou que eu alugasse, mas em casa de um homem, a quem eu tinha cometido a guarda deles; e se ele inquisidor se resolvia agora, depois de quase dois anos de requerimentos, a mandar-me buscar a roupa do meu uso, era esse favor tanto mais de agradecer quanto para admirar a mudança de proceder dele inquisidor neste artigo, e pelo que dizia respeito ao resto dos meus móveis, não me embaraçava com eles, nem me lembrava nome algum de amigo meu que pudesse nomear para se encarregar deles. O inquisidor instou que nomeasse algum dos meus amigos, em quem eu mais confiasse, para tomar entrega dos meus móveis, porque era sem razão deixá-los perder, e que se a ele lhe não estivesse mal o encarregar-se deles, ele mesmo me faria essa caridade, mas que isso era absolutamente incompatível com o seu ofício de juiz. Eu irritei-me tanto, conhecendo a duplicidade destas expressões, e já tinha o fundo da paciência tão exaurido a este tempo, que lhe disse abertamente que os móveis eram coisa de tão pouca monta, na minha estimação, que eu não arriscaria pelos conservar a mais insignificante pessoa, quanto mais sacrificar um amigo meu, o que indubitavelmente faria logo que proferisse algum nome; no que eu estava tão certo, que se eu fosse capaz de tal vingança, nomearia algum meu inimigo para tomar conta dos meus trastes. Nisto ficamos, mas o inquisidor mandou sempre buscar-me algumas das minhas roupas do uso, fosse para salvar as aparências da sua tão gabada caridade, fosse para ter nova ocasião de me recomendar, como fez, que nomeasse um ou mais dos meus amigos, para que no caso de não estar algum na terra, haver outro que se encarregasse desses móveis. Como estas segundas recomendações me foram mandadas fazer pelo alcaide, não quis responder por então coisa a propósito. A resolução, em que havia tempos estava, de me evadir dos cárceres para salvar a vida, visto que o estado deplorável da minha saúde chegava já a ameaçar total ruína, tomou nesta ocasião o seu último termo; não só porque todos os aparatos, de que tenho falado, me indicavam prolongada demora, mas também porque me constou, mais positivamente, de certas medidas que se tomavam, que tendiam a demorar a solução do meu negócio para um tempo, que as minhas moléstias me não permitiam esperar sendo certíssimo que a minha causa foi proposta para ser sentenciada na Mesa da Inquisição, mas como não se pôde ganhar maioridade de votos, que assentou não se me poder dar outro castigo que algum tempo de exercícios espirituais em um convento, julgaram os mestres de enredo que cumpria pôr o negócio em silêncio, enquanto se movia a intriga por outra parte. Às pessoas que algum conhecimento têm das minhas circunstâncias, ser-lhes-á bem fácil presumir que as grades de ferro, que me oprimiam ou as grandes precauções que se tomavam para me conservar rigorosissimamente incomunicável, só poderiam produzir esse efeito, que os meus perseguidores desejavam; se o crime por que eu estivesse preso fosse ou atroz ou infamante, porque nesse caso me veria desamparado dos meus amigos, os quais bem longe de proteger um malvado, concorreriam de boa vontade para o seu castigo. Mas eu era inocente, não havendo lesado os direitos de nenhum particular, nem ofendido de nenhuma sorte o público, a nação ou o governo; não tinha violado alguma lei, e portanto podia contar seguro com os bons desejos de todos os homens honrados que me conhecem, ou estão informados da minha causa. Aqui, refletirá alguém, que três anos de tão violenta prisão era demasiado sofrimento para quem se reputa inocente.

Respondo que nenhum sacrifício é demasiado, exceto o da honra, para dar exemplo da obediência devida aos superiores, e tal conceito fazia das pessoas a quem era, pelos vínculos de sangue e da amizade, obrigado a justificar o meu procedimento, que ainda depois de tão longa prisão, me não subtrairia, como fiz, à perseguição, se o estado da minha saúde não me conduzisse a uma morte inevitável, e, o que mais é, não tivesse a meu favor as razões que alego; aliás, ainda me sinto com assaz generosidade para sofrer os tormentos da perseguição que me faziam por tanto tempo, quanto fosse bastante para justificar o meu proceder e o dos meus amigos. A primeira consideração que me obrigava a evadir-me da prisão, antes de acabar a vida, era a infâmia que podia deixar após de mim, porque, presumindo-se que eu cometera crimes proporcionais ao horrendo procedimento, com que me haviam tratado e privando-me a morte de poder fazer patente a injustiça deste procedimento, seria isso perpétuo motivo de desgosto para todas as pessoas que me são caras, pedia logo o dever da gratidão que eu procurasse justificar-me, para salvar o necessário desgosto dessas pessoas, e isto não o podia fazer se me deixasse morrer nos cárceres da Inquisição, incomunicável, privado de falar com pessoa alguma, além dos meus algozes. Depois, podendo eu, como podia e efetivamente executei, sair sem arrombamento, escalamento ou violência alguma, não tinha nisto o menor crime, visto que o crime do preso que foge consiste no arrombamento, escalamento de paredes, e eu saía sem violência alguma. Nenhum jurisconsulto reputa crime a fuga simples pela porta principal do cárcere; eu não estava preso debaixo da minha palavra, para se poder dizer que eu havia quebrado a homenagem; a guarda da minha pessoa estava cometida a outros e não a mim mesmo; ninguém me pôs preceito de não fugir, tanto assim que da multiplicidade de grades e chaves, da fortaleza das paredes, e dos cuidados dos guardas, é que eles tinham confiado a minha segurança. Sabia também eu que se morresse no cárcere da Inquisição depois de morto me haviam continuar o processo até final sentença; e se eu presente, era tão manifesta a injustiça, com que me tratavam, que sentença ou que farsa de processo podia ser depois de eu morto, senão a infâmia da minha memória para afligir os meus inocentes parentes, e talvez alguma confiscação do pouco que me restasse. Chegou enfim o tempo em que supus que a minha resolução seria justificada para com todos os homens bons, pois tudo deve ter um termo, e o nó que não se pode desatar é necessário que se corte; a minha soltura era impossível obter-se, não obstante toda a justiça que me acompanhava; logo, a evasão dos cárceres era de absoluta necessidade. Mas antes de a pôr em execução, pedi uma audiência com a intenção de mostrar a esse tribunal anômalo que o meu procedimento era coerente com os meus princípios de moral. Não quis o inquisidor presidente falar-me nesta ocasião e mandou o seu imediato, o inquisidor da segunda cadeira, que viesse dar-me audiência. Não obstante esta mudança inesperada, assentei de fazer senão toda ao menos parte da representação que levava preparada para o presidente, e juiz relator da minha causa. Expliquei-me portanto melhor que pude, para ser entendido, expus o estado da minha saúde, que exigia a pronta aplicação de remédios incompatíveis com a minha prisão de segredo em que me achava, ia em três anos; citei por extenso todas as leis que eram a meu favor para me darem uma sentença, que fosse qual fosse me era sumamente útil, nas minhas circunstâncias; e enfim, que, se não me queriam fazer a justiça de me sentenciar, requeria uma e muitas vezes, como já tinha feito em outras audiências, que me dessem a faculdade de requerer ao soberano e de lhe representar o que eu julgava ser um agravo que se me fazia; provei-lhe mais, que este recurso ao Soberano, posto que extraordinário, não se pode negar a réu algum, por nenhum princípio que seja, porque o soberano tem o direito de ser informado de tudo quanto se passa no seu reino, a fim de fazer executar as leis que promulga; e que o Santo Ofício não pode, nem deve por princípio algum, eximir-se desta regra geral. O inquisidor, tirando-me toda a esperança de melhorar de sorte, caso eu pudesse ter tal esperança, disse-me que eu era um homem impaciente e importuno em requerimentos, que se eu alegara a prisão de três anos de segredo, como causa do mau estado da minha saúde, isso não em tudo imputável ao Santo Ofício, porque seis meses me tinham a mim conservado no segredo do Limoeiro, par ordem do intendente geral da Polícia; que eu e os outros presos julgávamos que o sentenciar causas no Santo Ofício era atirar bolas de malhão, mas que devíamos considerar que os ministros devem pensar e meditar antes de dar uma sentença, e que para isso é necessário tempo. Que o meu petitório de requerer ao Soberano era escusado, porque o mesmo Soberano sabia muito bem que naquele riquíssimo tribunal não se fazia injustiça a ninguém, e além disso não era costume concederem-se semelhantes recursos extraordinários e que tirasse daí o sentido, porque era coisa desnecessária, e que quando fosse tempo eu seria sentenciado, que metesse a mão na minha consciência e visse a minha pertinácia em não confessar os meus crimes; que ele inquisidor me aconselhava que tirasse daquilo o único partido que podia, que era oferecer a Deus com o coração humilde os trabalhos que padecia, para que Deus me perdoasse os meus pecados. Que os presos eram os culpados na demora dos seus processos, porque o Santo Ofício sempre os desejava abreviar e quanto tinha a declarar era que tivesse paciência. Foi tudo quanto soube dizer-me; porém, como este inquisidor tem tão bem o defeito de ser gago ou cioso da língua e repete muitas vezes as mesmas palavras, por falta de verbosidade, gastou com isto bastante tempo; ajudava-o por isso no discurso outro padre escrivão, ou notário que estava presente, homem petulante, que mostrou bastante diferença, no comportamento, da tranquila prudência com que o presidente sempre me falou. Deixando pois o que me disse este inquisidor, porque o estado de seu entendimento me obriga a passar-lhe por tudo, não posso deixar de responder aqui às injúrias que esse outro padre me disse, porque talvez este papel lhe chegue à mão e sirva para sua emenda, ou ao menos, porque é justo castigo do amargo desgosto, que nesta ocasião eu sofri, conhecerem os meus amigos, a quem dirijo estes escritos o que são estes senhores da Inquisição, quando as circunstâncias lhes permitem tirar a máscara da hipocrisia.

Disse-me pois este padre que quando os pedreiros-livres, os libertinos, e os chamados filósofos cometiam os seus crimes, é que se deviam lembrar que podia Deus descobrir as suas maldades e sofrerem então as demoras de que eu me queixava. Que quando estes espíritos fortes, como eu e outros, se ajuntavam a falar mal da religião e dos seus ministros se não lembravam dos castigos da justiça; que eu e os outros presos éramos os culpados de se demorarem as causas tanto, porque se confessássemos logo os crimes, andava o processo mais breve, e até éramos tratados com mais indulgência; e que se eu quisesse falar com sinceridade, diria que a Inquisição é a coluna que mantém a religião e o estado; porque os libertinos trabalham noite e dia para destruir a religião, e que os pedreiros-livres não se ocupam senão em blasfemar contra Deus e seus santos; e eu, em vez de mostrar o meu arrependimento delatando e acusando os mais framaçons, continuava a fazer-me correio das suas maldades ocultando-lhes os nomes. Que eu tinha constantemente negado as maldades que esses libertinos fazem mas que todo o mundo sabia que os framaçons eram homens sem moral nem costumes e que o menos que tinham era serem todos ateus; e que eu devia dar muitas graças a Deus de estar nos cárceres do Santo Ofício, porque ali, com os trabalhos que padecia, talvez me lembrasse de me reconciliar com Deus, visto não poder evitar o castigo do mundo e da justiça. Estas inventivas foram misturadas com os discursos do inquisidor que consentia a este incivil padre falar ao mesmo tempo que ele falava, mas a substância do que me disse é o que fica declarado, posto que me envergonho de usar dos seus mesmos termos grosseiros. Eu não pretendo justificar o procedimento de todos os framaçons, e muito menos vituperar o de todos os eclesiásticos; pelo contrário, confesso que há, e eu conheço entre os eclesiásticos muitos que são homens dignos de serem propostos como exemplo e cujas virtudes morais merecem louvor e imitação. Mas permita-se-me fazer a este padre, que tão injustamente me atacou, em circunstâncias que eu não lhe podia retorquir, como ele merecia, uma comparação de classe a classe. Façamos aqui o paralelo dos padres em geral e dos framaçons considerados em comum. Primeiramente: a ambição de governar, e o desejo de se vingar de seus inimigos são as duas paixões dominantes de três quartas partes dos eclesiásticos, em todas as comunhões cristãs; este tem sido o juízo de todos os homens sábios e imparciais; muitas provas se poderiam disto dar, mas todas as vezes que se fizer reflexão no sistema da hierarquia eclesiástica e sua influência nos negócios civis, principalmente entre os católicos romanos, esta proposição fica evidente. Basta lembrarmo-nos da grandeza, fasto e orgulho da corte de Roma, das pretensões de superioridade do Papa aos soberanos livres e independentes, comparado isto com a pobreza teórica e prática do primeiro pontífice da Igreja Cristã, para conhecermos a incoerência e contradição manifesta entre a moral que nos pregam os eclesiásticos e o que executam neste artigo. A vingança dos eclesiásticos é tal que passaria os limites da crença se não tivéssemos fatos atestados por testemunhas fora de toda exceção. Tal pontífice houve já, que para se vingar do pontífice seu antecessor, de quem fora inimigo, logo que subiu ao trono lhe mandou desenterrar o cadáver, cortar-lhe os dedos das mãos, e lançar a cabeça ao mar, queimar-lhe os restos, e excomungá-lo. Aonde mais se pode levar a vingança? A instituição da Inquisição, a crueldade com que os inquisidores perseguem os que supõem serem de opiniões diferentes das suas, faz pasmar; não são nada para eles os tormentos e a morte do seu inimigo, queimam-no vivo, infamam-lhe a memória, perseguem os filhos, e toda a posteridade desses infelizes, privam-nos das heranças de seus pais, infamam e desonram os parentes, e finalmente no dia em que fazem o seu auto de fé, ao mesmo tempo que os miseráveis estão exalando o espírito no meio das chamas, os inquisidores estão das suas janelas regalando os olhos com este espetáculo e banqueteando-se com os seus convidados à custa dos bens das miseráveis vítimas, e tal é o costume da Inquisição. Falo em linguagem que me entendem todos os portugueses que sabem destes fatos, acontecidos entre nós, escrevo em tempo em que vivem muitas testemunhas que presenciaram estes banquetes, que dá o inquisidor-mor no dia do auto de fé, e não tenho medo que me desmintam.

Refiro as palavras de Simancas, neste lugar, e quero ver quem nega aos inquisidores uma incomparável sede da vingança. "Os hereges dogmatistas merecem a morte, não uma morte somente, porém muitas mortes, porque a simples morte é o castigo de um herege ordinário; estes, porém, merecem mais fortes penas irrogadas sem compaixão, e os mestres da heresia luterana de nenhuma maneira devem ser perdoados." Pegna diz, também, que o herege dogmatista deve ser punido de morte ainda que dê as mais claras provas do seu arrependimento. Quereria agora que me notassem crimes igualmente horrorosos na Sociedade dos Framaçons. Onde está a ambição e orgulho em uns homens que não pretendem figurar no público, ao contrário, que fazem timbre de ocultar os seus atos de sociedade, ainda aqueles que os fariam mais respeitáveis? Como se pode acusar de vingativos uns homens que se metem no maior retiro, que lá mesmo os vão desenterrar para o perseguirem, e que nem ao menos se têm encarregado de mostrar ao mundo a injustiça dos seus perseguidores, pelo menos em corpo de sociedade, ou em obra que aprovada fosse pelo governo da mesma Sociedade dos Framaçons. A má-fé dos inquisidores em nada se manifesta mais do que no seu incessante zelo em perpetuar a ignorância. Todo mundo sabe que depois de haverem proibido, em um grande catálogo, uma quase incrível multidão de livros, proibiram também em geral todo e qualquer livro escrito por algum herege. Mais, levaram isto ao ponto de proibir todo e qualquer livro que fosse impresso em imprensa onde se tivesse imprimido algum livro de hereges, e nomearam particularmente sessenta e dois impressores, os mais famosos da Europa, de maneira que apenas restava livro que se pudesse ler; e esta proibição foi acompanhar das penas da excomunhão, infâmia e outras que se irrogara contra os que lessem livros proibidos. O desejo de perpetuar a ignorância chegou ao ponto de que, quando os padres do Concílio de Trento deliberaram a publicação de um catálogo de livros proibidos, Luiz Beccatelli, arcebispo de Ragusi, proferiu que não havia necessidade de livros, porque certamente se havia escrito mais do que era necessário depois da invenção da imprensa, e que era muito melhor proibir inumeráveis livros sem causa, do que ficar sem ser proibido um só que o merecesse ser.

A caridade é virtude ignorada dos eclesiásticos, salvo em palavras: dizem eles que se os povos pagam dízimos, premissas, ofertas e mais benesses de que os eclesiásticos gozam, estes bens são dos pobres, e aos eclesiásticos só pertence a distribuição desses bens, tirada a sua côngrua sustentação. Pergunto agora se o fasto, a grandeza, o luxo, com que vivem todos os eclesiásticos, têm alguma coisa de comum com estes princípios. Com que aparato se não dá à porta de um convento uma tigela de água quente, tão suja quanto baste para lhe poder quadrar a alcunha de caldo? Quando a comunidade tem tido um abastado jantar? Se são os administradores dos bens dos pobres, como eles dizem, deviam lembrar-se de não comer a carne e dar aos proprietários os ossos cozidos em água suja. Lembra-me de ouvir dizer a certo guardião de um dos conventos de franciscanos em Lisboa, que se tinha avaliado por um cálculo aproximado, que as esmolas de comer que se davam nos conventos de mendicantes aos pobres, só na cidade de Lisboa importavam em vinte e quatro mil cruzados cada dia. Suponhamos, por agora, que é exato este cálculo do religioso; quanto devem importar as esmolas que eles extraem do povo para se sustentarem, visto que os mendicantes não têm rendas suas e as esmolas que fazem são os restos das esmolas que recebem? Mas o bom religioso fazia-lhe conta publicar o cálculo das esmolas que davam, sem se querer embaraçar com cálculo as que recebem; nisso julga ele que não é necessário falar. Mas sempre notarei, que enquanto o tal, ou outro religioso, não me apresentar melhores documentos do que a sua palavra, ficarem assentando que nesse cálculo das suas esmolas havia maior imposição que realidade. Advirta agora este senhor padre notário do Santo Ofício que as esmolas que os framaçons fazem aos necessitados são conferidas tão ocultamente, que o beneficiado ignora a mão que lhe faz o benefício; e isto por um princípio estabelecido, recomendado e usado pelos mesmos framaçons nas suas lojas; advirta mais, que os socorros, que mutuamente se prestam uns aos outros, ficam sempre em segredo, e que as despesas necessárias ao entretenimento da mesma sociedade são consideráveis, e entretanto, tudo isto lhe sai do produto de seu trabalho e bens próprios, e não da substância do povo. Quando o Bispo do Funchal, na ilha da Madeira, José da Costa Torres, perseguiu tantas, e tão honradas famílias, só porque alguns indivíduos delas se diziam ser framaçons, muitas pessoas se embarcaram para os Estados Unidos, e um dos navios, chegando a Nova Iorque, mostrou uma bandeira branca que continha em letras azuis a inscrição "Asilum Quoerimus"; imediatamente foram a bordo os principais framaçons da Terra e trouxeram consigo estas perseguidas famílias a que fizeram o mais generoso agasalho; de maneira estrondosa foi este caso, que o bispo foi removido para Elvas, mas depois promovido ao arcebispado de Braga, onde continua o seu intolerante e perseguidor espírito a comprometer a fama da sua nação e a justiça do governo. A castidade é, dizem os eclesiásticos, uma virtude que lhes é privativa, e uma grande virtude, que constitui a pureza de costumes nas pessoas dedicadas ao serviço dos altares. Se os senhores eclesiásticos chamam virtude da castidade a não sustentar uma consorte, a não contribuir para a população do Estado, gerando e educando os filhos, se chamam virtude da castidade a prescreverem-se eles a si mesmos o celibato para se livrarem dos encargos de uma família, a qual obriga os homens a maiores pensões, a mais assiduidade nos trabalhos econômicos, e que por consequência contribui mais para uma vida empregada, regular e virtuosa, neste caso poderemos dizer que eles cultivam a castidade. Mas, se pela palavra castidade entendemos o que os eclesiásticos pregam dos púlpitos abaixo, então digo que julgue cada um, pela experiência que tiver dos eclesiásticos que conhece, ajunte estas experiências de todos e tire-lhes a conclusão, porque eu envergonho-me de referir as provas, que podia tirar das histórias, ainda sem sair da vida dos pontífices, que são o ápice do sacerdócio. Um só Alexandre VI me daria superabundante matéria. Mas para que nos não digam que a corrupção dos eclesiásticos no nosso tempo nada tira da pureza de costumes daqueles padres, que estabeleceram o celibato dos clérigos, será bom lembrar que quando se celebrou o Concílio de Constança, em 1414, não se observou, certamente, nesta cidade, uma imagem do paraíso de Jesus Cristo, como julgaria quem acreditasse que as palavras dos sermões dos padres tinham alguma conexão com os seus costumes; pelo contrário, reduziu-se a cidade de Constança a todo o rigor do Paraíso de Maomé, onde os muçulmanos esperam achar grande número de formosas mulheres solteiras. Spanenberg diz que a cidade de Constança se achou honrada por ocasião deste concílio com a presença de 346 arcebispos e bispos, 564 abades e doutores e 7.000 prostitutas que seguiam os padres do concílio; sem contar as concubinas, que os mesmos santos padres tinham sempre consigo, junto às suas pessoas. É claro que se estes tenazes defensores do celibato fossem casados, as prostitutas não se empenhariam tanto em os seguir. Mas que contraste! Foi neste mesmo concílio que se prescreveu definitivamente o celibato dos clérigos. Eis aqui outro belo exemplo da sua continência neste artigo, que Gonsalvi refere o que sucedeu em Espanha quando se publicou a bula do Papa Paulo IV que cometeu ao Santo Ofício da Inquisição o conhecimento do crime de solicitante. Antes de narrar o fato exporei as palavras da bula que lhe dizem respeito. "Certos eclesiásticos", diz a bula, "no Reino de Espanha e nas cidades e dioceses dela, tendo cura d'almas, por si ou por outrem, e de outra maneira deputados para confessar penitentes, têm cometido tão enormes iniquidades que abusaram do sacramento da penitência, no mesmo ato de ouvir confissões, não temendo injuriar ao mesmo sacramento e a quem o instituiu, que foi Nosso Senhor Jesus Cristo, solicitando, provocando, ou procurando solicitar e provocar as mulheres penitentes para atos desonestos, ao mesmo tempo que as estavam ouvindo de confissão." Quando esta bula chegou à Espanha, publicaram os inquisidores um edito solenemente em todas igrejas do Arcebispado de Sevilha, determinando que toda a pessoa que soubesse ou tivesse ouvido que algum frade ou clérigo tinha abusado do sacramento da confissão para cometer estes crimes, ou de qualquer maneira obrado, para este fim, na confissão com sua filha, ou filhas, descobrisse o que soubesse, dentro em trinta dias, ao Santo Tribunal, sob pena de incorrer nas graves censuras, que no mesmo edito se fulminavam contra os que se descuidassem ou desprezassem cumprir com esta determinação. Publicado o edito foi tão grande o número de mulheres que concorreu ao Palácio da Inquisição, somente na cidade de Sevilha, que para receber os depoimentos e acusações destas mulheres, que descobriam as maldades de seus confessores, se nomearam vinte secretários, com outros tantos inquisidores, os quais não sendo suficientes para tomar as deposições de tantas testemunhas, os inquisidores se viram obrigados a assinar outros trinta dias, para receber as delações; e não cabendo ainda no tempo, concederam ao mesmo termo terceira e quarta vez. Quanto às senhoras de qualidade, reputação e nobres famílias, não podendo ser ouvidas em todo o tempo e lugar, ao mesmo tempo que a consciência as obrigava fazer a delação pelo temor religioso das censuras, por outra parte o respeito de seus maridos, a quem receavam ofender, dando-lhes motivos de suspeitas a respeito do seu comportamento, as obrigava a não sair de casa; assim procuravam o meio-termo de cobrir a cara com véu, segundo a moda de Espanha, e ir ter com os inquisidores o mais ocultamente que podiam, contudo mui poucas escaparam à zelosa vigilância dos maridos, que sabendo das descobertas ou delações se enchiam de suspeitas. Não obstante tudo isto, depois de aparecerem tantas acusações perante os inquisidores, o Santo Tribunal da Inquisição, contra a expectação de todos os homens, pôs termo ao negócio, ordenando que todos os crimes desta natureza, provados com evidências legais, fossem sepultados em perpétuo silêncio e esquecimento. Mas, por que misturou este reverendo padre, com os males do Estado, o desrespeito dos eclesiásticos que imputou aos framaçons? Seria caridade? Não, certamente. Esta é a capa com que eles encobrem o rancor que têm aos homens, que reputam seus inimigos, e, portanto, espalham rumores contra os framaçons, que, não sabendo de onde se originaram, indispõem o público contra a Sociedade Maçônica e dão ocasião a facilitar a crença das intrigas, que metem ao governo, para que lhe não obstem as perseguições, que intentam. Parece incrível que tenham cara os senhores da Inquisição, para acusar alguém, em pontos de fidelidade ao Estado. Eles que, por tantas vezes, não só atentaram aos direitos dos soberanos, mas até lhes armaram ciladas à vida, como fez, por exemplo, o inquisidor-geral e o arcebispo de Braga, que tinha concertado o plano de matar el-Rei D. João IV a punhaladas, e entregar o Reino aos castelhanos. Eles que até se rebelaram contra o mesmo pontífice, como se pode ver claramente de algumas cartas de jesuítas, que se publicaram nas provas da Dedução Cronológica. Eles que declararam excomungado a el-Rei D. João IV, só porque restituiu a alguns filhos dos condenados pela Inquisição os bens de seus pais. De exemplos de conspirações, em que os eclesiásticos entraram como parte principal, estão as histórias cheias, e de fatos tão autenticados como os que acabei de referir da Inquisição, que em todos os nossos se acham como inquestionavelmente certos, nos reinos estrangeiros são tão multiplicados os exemplos de conspirações dos eclesiásticos contra os governos, e, o que mais difícil parece, contra nações inteiras, que seria infinito se os quisesse enumerar. Basta, para não deixar de exemplificar, lembrar as Vésperas Sicilianas, na Itália; as Matinas de São Bartolomeu, na França; o assassínio do grande Monarca Henrique IV, em Paris. Declare-me agora este senhor padre notário, se jamais se provou à Sociedade dos Framaçons crimes tão atrozes. Diga onde e por quem. *Et eris mihi magnus Apolo.* Nós temos visto em Portugal, inumeráveis vezes, ser preso um homem de noite, e conduzido com as maiores cautelas e segredo aos cárceres do Santo Ofício, confiscarem-se-lhe os bens para a Inquisição e, passados alguns anos, aparecer este homem, de quem nunca mais se soube parte, em um auto de fé, com uma mordaça na boca, para não poder falar; subir nesta ocasião um padre ao púlpito e ler contra este miserável homem um catálogo de culpas, e passar o infeliz logo dali a ser queimado, sem poder ao menos dar um gemido; e querem os senhores da Inquisição, e seus apaixonados, persuadir-nos que houve em tudo isto muita justiça. Em todos os homens pode haver paixões, em todos os tribunais do mundo tem havido injustiças, as leis supõem que as há, e nessa possibilidade são fundados os recursos, apelações e agravos, que se mandam conceder aos litigantes, que se julgarem agravados, ou lesados em seu direito; só na Inquisição não poderá haver injustiças? Todo o mundo conhece que um dos maiores obstáculos, que têm os juízes para não julgar injustamente, é o temor de perder a sua reputação, porque, em todas as nações civilizadas, a parte queixosa pode publicar a injustiça do seu juiz, mostrando a sua verdade, pois é permitido tirar uma cópia dos autos ou razões do seu advogado, e mandá-la imprimir, ou dar-lhe toda a publicidade que quiser; o que entre nós, nos tribunais civis e criminais, se tem muitas vezes praticado; por consequência, todo o juiz, principalmente o da última instância, fica tendo um poderoso freio às suas paixões neste temor do perigo que corre em se desacreditar, fazendo uma injustiça, que pode vir a ser pública. Mas os inquisidores até deste pequeno incômodo se livraram, porque mandam castigar sem dar ao público a menor satisfação do seu procedimento; o processo lá o fazem ocultamente, eles são a parte ofendida, porque naquele tribunal se castigam as ofensas feitas à Igreja, quero dizer, ao interesse dos eclesiásticos; eles são os que se aproveitam dos bens que confiscam, e eles sendo parte tão interessada, são ao mesmo tempo os juízes; ninguém pode averiguar as provas que tiveram ou não tiveram para condenar o réu e, se este escapa com vida, obrigam-no a assinar e jurar termo de não dizer nada do que passou no processo de sua causa, ou prisão, debaixo das maiores penas; e miserável do que disser que naquele tribunal se fazem injustiças. Que obstáculo têm, logo, os inquisidores, para não obrarem segundo as suas paixões? Nenhum, que eu saiba. E sendo todos os homens sujeitos a paixões, tenho toda a razão de concluir que elas fazem com que os inquisidores obrem injustiças, visto que estão seguros de que de suas maldades nenhum incômodo lhes pode vir; aliás, mostrem os inquisidores em como eles são a pura virtude em abstrato, que só assim eu os poderia considerar livres dos defeitos, que são inerentes à Humanidade. Os inquisidores podem impunemente cometer quantas maldades quiserem, porque o segredo legal, que tenazmente observam nos seus procedimentos, os eximem até da censura do público de que não estão livres nem ainda os maiores potentados da Terra; aos inquisidores incumbe portanto mostrar que não abusam nem nunca abusaram deste estado de impunidade, em que se acham, porque a presunção é que abusem, pela regra geral deduzida da natureza do homem. Além destas razões, fundadas na natureza dos homens, temos fatos positivos da primeira autoridade. No Concílio Geral de Viena no Delfinado se representaram a Clemente V muitas queixas contra os inquisidores, provando-se que eles excediam os limites de suas jurisdições, em dano dos fiéis, pelo que, diz este pontífice que julgou conveniente à glória de Deus, que se procedesse neste negócio melhor e com mais cautela, e que se dessem regras que obviassem a confusão. Consta isto do mesmo Corpo de Direito Canônico, Capítulo 1º, De Hereticis. Isto não são conjeturas, é um fato, que pelo lugar de que o cito, não pode ser mais autêntico. Foram acusados por feitiçaria no vale de Camunica, território de Veneza, ano de 1518, algumas pessoas, e os inquisidores se portaram fazendo tão iníquas extorsões e tais opressões, que o povo chegou a amotinar-se. Mas o Conselho dos Decênviros, persuadido da verdade, revogou todas as sentenças que tinham dado os inquisidores, substituiu novos juízes para que revissem as causas, e ainda assim custou muito ao Governo de Veneza apaziguar a sedição. Este fato é atestado pelo célebre Sarpi, ou Fr. Paulo Vêneto, na sua História da Inquisição de Veneza, no capítulo 4º. Clemente VI mandou expressamente ao legado cardeal de São Marcos que inquirisse a respeito dos excessos dos inquisidores e que não negasse justiça aos que se lamentavam. A severidade da Inquisição, em Roma, exasperou o povo de maneira que, depois da morte de Paulo IV, atacou o Palácio da Inquisição, em motim, pegou fogo ao arquivo, demoliu os cárceres, e reduziu inteiramente a ruínas este edifício, que o mesmo Paulo IV tinha mandado edificar. O nosso célebre historiador Faria e Sousa, na sua Europa Portuguesa, em um Parergon ao Reinado de D. Manuel, refere o caso de um homem que a Inquisição de Lisboa mandou queimar vivo, por ter sido acusado de furtar um vaso sagrado de uma igreja; nenhuma prova houve contra este infeliz senão terem-no visto passar às horas da noite a que o furto se fez por junto da tal igreja; o homem bradou até os últimos instantes, que morria inocente, e na crença da fé católica, de maneira que até em Roma se estranhou muito queimar a Inquisição de Lisboa este homem vivo, em tais circunstâncias; por que o tormento de ser queimado vivo o podia obrigar a desesperar, quando ele protestava que morria e desejava morrer no grêmio da Igreja? Passados anos, morreu enforcado em Galiza outro homem por um crime de homicídio, e na forca declarou que ele era o que havia cometido em Lisboa o furto do vaso sagrado, e não o que morreu queimado, que nisso estava inteiramente inocente.

Mas por que insulta este reverendo padre notário uma pessoa, só por se haver alistado na Sociedade dos Framaçons? Destes nada de mau se tem provado; do Santo Ofício muitas coisas más se sabem; umas porque a crueldade dos seus castigos é evidente, fossem quais fossem os crimes por- que os dessem, outras porque temos cabal informação da sua legislação e seus princípios de crueldade, não pelo mau ânimo deste ou daquele inquisidor, porque isso não seria defeito, que eu imputasse à classe, mas sim pelo sistema seguido e aprovado pelas suas leis e regulamentos particulares. Os eclesiásticos queixam-se de que os escritos dos filósofos modernos têm abatido e desacreditado a religião cristã a um ponto deplorável, mas se eles quisessem refletir nas crueldades que a Inquisição tem praticado, achariam aí a causa mais natural dos efeitos que lamentam. Nada cruel pode ser útil. Os escritos dos filósofos só poderiam inspirar o desprezo da religião (se fossem calculados para o fazer) em mui poucas pessoas, porque esses escritos são poucos os que os leem, e menos os que os entendem, mas as crueldades da Inquisição são publicíssimas, visto que os inquisidores tiveram sempre a vaidade, quando julgam isso compatível com os seus interesses, de dar a maior publicidade possível ao triunfo que alcançavam das vítimas que eles supunham opostas aos seus fins, e a contradição que há entre a barbaridade horrorosa de um dos chamados autos de fé, e a moral do Evangelho é tão manifesta e evidente que o homem mais grosseiro a conhece, contanto que reflita, ou o deixem refletir, no catecismo da doutrina cristã. O Evangelho manda pregar, persuadir, rogar; a Inquisição diz: ama a Deus senão dou-te um pau. O Evangelho diz: pregai, e se vos não quiserem ouvir ide-vos embora e sacudi o pó dos vossos sapatos, sede brandos como cordeiros, aprendei de mim que sou brando e humilde de coração; a Inquisição diz: obedecei-me, ou queimar-vos-ei vivos e me aproveitarei do vosso dinheiro, a título de confisco, e deixarei vossa mulher e vossos filhos reduzidos a mendigos. Inumeráveis passagens dos padres da Igreja poderia eu referir que mostram quanto a violência, em matéria de religião, é contrária ao espírito do cristianismo. Seja-me lícito lembrar alguma. Santo Atanásio na sua epístola aos Anacoretas, queixando-se da perseguição que os arianos faziam às outras seitas de cristãos diz – "Satanás, não tendo a verdade por si, recorre à violência, e obriga por força a ser recebido, entretanto, o nosso Redentor diz: se alguém quer ser meu discípulo, siga-me. Ele não constrange ninguém, não quebra as portas das casas onde quer entrar, bate suavemente; e para ser admitido emprega as mais suaves palavras: abri a porta, diz ele, irmão; se a porta se abre ele entra, senão retira-se porque a verdade não pode ser introduzida por força e violência, mas com suavidade e persuasão". Santo Ambrósio diz – "O Senhor mandou os apóstolos a semear as sementes da fé no coração e ensinar, e não a violentar ninguém." São Martinho Turonense opôs a sua autoridade contra o bispo espanhol Inácio e seus cúmplices, porque perseguiam os hereges, e porque obtiveram de Máximo que condenasse à morte Prisciliano e outros; mas o célebre Simancas dá uma ridícula razão pela qual julga que os inquisidores devem punir os hereges, em vez de convencê-los com argumentos, e com a Sagrada Escritura: "Nós", diz este doutor da Inquisição, "não devemos disputar com os hereges valendo-nos da Escritura, porque a vitória é incerta e duvidosa por este método." Donde podemos concluir que os inquisidores persuadidos da sua falta de razão recorrem à forca e castigos horrorosos. Mas como devo provar que as crueldades da Inquisição não são o resultado da má alma deste ou daquele inquisidor, mas vício intrínseco e inerente à corporação, darei alguns extratos do seu mesmo Regimento. Primeiramente, o temível sistema das delações em segredo é admitido pela Inquisição, em toda a extensão possível, e causando necessariamente os males que sempre se seguiram das denúncias particulares. No Regimento do Santo Ofício, L. 2. tt. 3. § 1º, se diz que "as denúncias ocultas são um dos meios principais que há para se poder em juízo proceder contra os culpados". No § 6º do mesmo título até se mandam receber as denúncias de ouvido, e em alguns casos, mandam proceder pelas denúncias que se fizer por escrito ainda que o denunciante omita o seu nome nessa carta ou papel porque faz a denúncia. Que porta se não abre aqui para abusos? Que mais facilidade para arruinar os homens com testemunhos falsos?

Nenhum jurisconsulto criminalista hoje em dia ignora a necessidade que há para o sossego público de que se proscrevam inteiramente as delações particulares, e com mais razão processos judiciais ocultos. Com efeito, se alguém obra alguma coisa digna de castigo, por que não se há de repreender o crime publicamente? E se o acusado é inocente nem a boa-fé, nem a razão natural sofrem, que se deixem tramar ciladas por um adversário, que ele não pode destruir, pois o desconhece. É certíssimo que ainda entre as nações mais bárbaras, as testemunhas são ouvidas perante o réu para as contradizer, ou ao menos, para as dar por judiciais, como os jurisconsultos se explicam. Entre nós, no foro secular, é assim praticado, como expressamente o mandam nossas leis. 2. O Regimento do Santo Ofício, no Liv. II. tt. 4., nos oferece outro exemplo notável da crueldade deste tribunal. Trata-se, neste título, de como se há de proceder contra os denunciados, e diz no § 3º: “Sendo a pessoa denunciada de tão pouca idade, que não tenha a que, no Livro terceiro, título primeiro, parágrafo doze, se requer para fazer abjuração, os inquisidores a mandarão trazer à Mesa, e a examinarão, pela denunciação que contra ela houver, e confessando algum erro contra a fé, se fará o que fica disposto no título segundo deste livro, parágrafo quinto. E negando a culpa de que está denunciada a mandarão pôr em casa de um oficial da Inquisição, e com rogos e ameaços a procurarão reduzir a confessar, dando-lhe se for necessário algum castigo, em lugar de tormento, conforme o direito dispõe.” Donde se vê que toda a pessoa que tiver mais idade que a determinada no tal livro 3, tt. 1. § 12, deve passar pelos tormentos, e todos os mais rigorosos termos, que o mesmo Regimento prescreve; e ainda abaixo daquela idade não está livre dos castigos que neste parágrafo se ordenam. Mas para se conhecer a cruel desumanidade que envolve a legislação deste parágrafo é necessário ver qual é a idade que se reputa na Inquisição capaz de abjuração. Eis aqui as palavras formais do Liv. 3. tt. 1. §12: “Para tirar a dúvida que pode haver sobre a abjuração dos menores, declaramos que o varão que for menor de dez anos e meio e a fêmea de nove e meio, não abjurarão, nem em público, nem em secreto na Mesa, ou sejam apresentados ou denunciados; e passando da dita idade até os anos que chamam de discrição, que são quatorze no varão e doze na fêmea, constando judicialmente por testemunha, e juntamente por exame com as mesmas pessoas, feito com fé do notário, que a ele assistir, que tem entendimento, e são capazes de dolo para poderem pecar e caírem neste crime, abjurarão na Mesa sem esperar que cheguem à idade dos ditos doze ou quatorze anos, porque nestes termos a malícia supre a idade conforme direito; e tanto que a fêmea for de doze anos de idade cumpridos e o varão de quatorze, farão abjuração em público, assim como a fazem os de maior idade." É logo da legislação do Santo Ofício que uma menina antes de chegar aos dez anos, contanto que passe dos nove e meio, já os inquisidores a podem mandar pôr a tormento e justiçar. A história oferece-nos exemplos de tiranos que exercitaram o seu furor cruel até contra as inocentes crianças e tenros meninos, como se diz de Herodes e outros; mas isto por ordens arbitrárias, ditadas em momentos de furor e ira momentânea, e talvez em desarranjo formal dos sentidos; mas ordenar estas monstruosidades a sangue-frio, em um sistema de legislação pensado, revisto, corrigido, examinado e meditado por anos e séculos, isto só estava reservado para o Santo Ofício da Inquisição, para uns homens que inculcam a religião de um Deus de bondade, de mansidão, de misericórdia. 3. Outro exemplo. A piedade para com o pai foi sempre e é, em todas as nações do mundo, um ponto de extremo cuidado; o amor filial é recomendado por todos os direitos, e o respeito, que os filhos devem a seus pais, é não só um instinto da natureza, mas um preceito rigoroso do direito natural, e uma máxima essencial à boa ordem da sociedade civil. Vejamos agora como o Santo Ofício inculca e promove esta essencial obrigação de todo o homem, ou para melhor dizer, de todo o vivente, porque, enfim, até ao menos enquanto dura a educação.

Regimento do Santo Ofício, Liv. 3. tt. 4. Dos Confitentes diminutos. § 1º "Quando o réu que confessou as culpas de heresia por que foi preso estiver diminuto em sua confissão, e a diminuição for em cumplicidade, que esteja legitimamente provada com algum seu ascendente, ou com marido, ou mulher, não lhe será a confissão recebida; e porquanto se deve ter por simulada será relaxada à cúria secular por confitente diminuto e simulado; e se a cumplicidade for de pessoa parenta sua, no primeiro grau transversal, ficará em arbítrio dos inquisidores haver-se de receber ou não ser recebida sua confissão." Para bem se entender a legislação deste parágrafo, é necessário saber que no Santo Ofício o réu que confessa as suas culpas, e é sua confissão recebida, tem menor castigo do que se fosse convencido daquilo de que era acusado, negando. Se porém, o réu confessa parte dos crimes chama-se diminuto, e esta diminuição, conforme o seu Regimento, Liv. III. tt. 4, pode ser ou em ocultar os seus cúmplices, ou em ocultar parte do tempo porque as praticou; neste parágrafo trata-se do caso em que a diminuição consiste em ocultar cúmplices, e diz que se os cúmplices que oculta o réu forem ascendentes ou descendentes, se não receba a confissão, isto é, que seja tratado com todo o rigor, se os cúmplices, que oculta, forem parentes laterais no primeiro grau já é permitido aos inquisidores receber a confissão não obstante a diminuição, e tratar-se-á com a benignidade de confitente; e sendo estranhas as pessoas cúmplices, que oculta, então se lhe não fará caso da diminuição, e se haverá o réu por confidente, para gozar da misericórdia que em tais casos se concede. Quem viu maior atentado contra as leis da natureza? Se a falta de sinceridade em não descobrir os cúmplices é desculpável em algum caso, sem dúvida o devia ser quando o réu procura salvar seu pai, ou sua mãe. Perdoar esta falta de sinceridade, quando o réu oculta o cúmplice estranho, e não a perdoar quando oculta o cúmplice que é ascendente ou descendente, é barbaridade sem saída. Nem eu posso descobrir outro motivo, ou fim em semelhante legislação, senão infundir a desconfiança e desunião entre os parentes mais chegados, quebrar os mais sagrados vínculos de união entre os homens, e aproveitar-se das suspeitas e temor geral de todos para estender o seu domínio, conforme a máxima dos maquiavelistas – divide e impera.

4. Outro exemplo. A ambição de governar e a cobiça do dinheiro manifestam-se tanto nas leis do Santo Ofício, que dão lugar a concluir serem elas os principais motivos, que têm feito a Inquisição praticar as crueldades que tão feio borrão deitaram na, aliás brilhante, história de Portugal; eis aqui a prova. Regimento do Santo Ofício, Liv. III. tt. 26. § 6°: "E falecendo depois de serem presos nos cárceres do Santo Ofício se ao tempo de seu falecimento tiverem confessado suas culpas e satisfeito à informação da justiça, serão recebidos ao grêmio e união da Santa Madre Igreja, e no auto público da fé se lerá sua sentença, para que possam gozar dos sufrágios da Igreja, e serão condenados em confiscação de bens, do tempo em que cometeram o delito, mas neste caso se não levarão ao auto suas estátuas." Se a cobiça

do dinheiro não ditou semelhante legislação, não sei sinceramente o que pudesse ser, porque a confiscação, que aqui se manda fazer dos bens do réu, não é para sua emenda, porque na hipótese da lei já está morto, não é para castigar o crime, ou dar exemplo, porque o crime já foi perdoado em consequência da confissão, que esta lei supõe feita antes da morte, e como perdoado, é admitido ao grêmio da Santa Madre Igreja; logo dispensou-se tudo, exceto ficar-lhe com os bens. O mesmo se pode dizer a respeito das confiscações que mandam fazer aos ausentes, e em outros muitos casos, onde manifestamente se conhece que o fim de semelhante legislação é só a aquisição dos bens dos infelizes. 5. Outro exemplo. Eu já daria alguma desculpa ao furor dos perseguidores, se no seu procedimento achasse alguma sinceridade, quero dizer, se fosse simplesmente a ignorância e o fanatismo, o que os movesse a ser perseguidores e cruéis, e supondo eles que essas violências e tiranias eram agradáveis a Deus. Grosseiro erro seria, na verdade, querer sustentar com a espada uma religião de brandura, de bondade, de misericórdia, como eles mesmos a descrevem. Mas o pior é que a má-fé de todas as suas transações não dá lugar nem ao menos a esta má escusa da ignorância. Dizem eles que o fim porque prendem e castigam os réus é para os converter ao caminho da verdadeira religião, admoestando-os como se ordena aos inquisidores no seu Regimento, a que confessem os seus erros, que os renunciem e que abracem os verdadeiros princípios de que devem estar persuadidos para se salvarem. Se a intenção dos inquisidores é persuadir ao réu, deveriam consentir que ele fosse persuadido por toda a gente; entretanto às poucas pessoas que podem ter acesso aos cárceres, que são o alcaide e os guardas, lhes é expressamente proibido ensinar ao réu aquilo mesmo que os inquisidores nos dizem que lhe pretendem ensinar. O Regimento do Santo Ofício, Liv. I. tt. 14. § 18, é a prova do que acabo de referir. Fala do alcaide: "Acompanhará os presos quando vierem à Mesa e dela tornarem para o cárcere, trazendo sempre um dos guardas, e não consentirá que vão falando pelos corredores, nem falará com eles, nem os persuadirá que confessem suas culpas, e quando acerca delas lhe quiserem comunicar alguma coisa, lhes dirá que daquela matéria só na Mesa do Santo

Ofício hão de tratar." Se o fim das admoestações dos inquisidores fosse sinceramente o desejo de que os presos confessassem seus erros para ensinar e instruir, ou para bem da sua alma, como eles tantas vezes repetem, nesse caso a todos devia ser lícito persuadir isto ao réu, porque é evidente que todo o juiz é suspeito ao réu, e este acreditaria mais facilmente outro qualquer homem do que ao juiz de quem se teme, e que lhe fala sempre revestido de autoridade e soberania, que em vez de produzir a convicção do réu, só lhe infundirá terror e desconfiança. 6. Outro exemplo. A dissimulação e hipocrisia é vício da Inquisição, que também se lhe pode provar, pela sua mesma legislação. Regimento do Santo Ofício, Liv. II. tt. 14. § 6°: "Sendo necessário dar trato esperto nos quinze dias antes do auto de fé, por não irem os presos a ele mostrando os sinais do tormento, lho darão no potro, e na sessão que se fizer na casa do tormento, farão os inquisidores sempre declarar a razão que houve para se dar no potro, e não na polé, e em todas as sessões se dirá a hora em que começou e acabou o tormento." Agora pergunto eu, se o dar tormentos na Inquisição é justo e conveniente? Por que não querem os inquisidores que os miseráveis a quem têm atormentado apareçam em público, trazendo os sinais do tormento? A resposta é fácil: porque a máxima constantemente adotada pela Inquisição é praticar as maiores crueldades em particular, e mostrar, sempre ao público as aparências enganosas de moderação, brandura e misericórdia. 7. Outro exemplo. O estudioso cuidado com que procuram os inquisidores persuadir ao público, que tratam os seus presos com humanidade, ao mesmo tempo que os vexam cruelmente, é ponto que a prática me ensinou amplamente, mas para que não digam que é exageração, se eu referir os fatos, contentar-me-ei com transcrever o seu mesmo Regimento, no qual me parece que não acharão os defensores da Inquisição que eu exagero, porque copio as formais palavras. O mesmo Regimento, no Liv, II. tt 22, tratando das disposições que se devem fazer antes da celebração de um auto da fé, diz no § 3°. "Ordenarão que todos os penitenciados vão vestidos decentemente, e para este efeito, oito ou dez dias antes do auto, saberão do alcaide que pessoas têm necessidade de vestidos, e os mandarão prover segundo sua qualidade." Se o vestido, pergunto eu, se dá ao preso para se abrigar, por que não há este cuidado em todo o tempo que o retêm nos cárceres? É logo manifesto que, havendo este cuidado de vestir os presos somente na ocasião do auto de fé, o fim desta aparente caridade é impor ao público, persuadindo-o com estas aparências, que os presos são mui bem tratados nos cárceres da Inquisição. 8. Outro exemplo. As admoestações, protestos de caridade e conselhos que dão aos presos é uma pura farsa; o fim é extrair dos presos a delação de outros, com a esperança de misericórdia, e cobrir o desejo de vingança com as aparências de virtude: eis aqui uma cena das suas farsas extraída do seu Regimento, Liv. II. tt. 14. § 5°, vers. E sendo, onde se trata do modo de dar os tormentos: "E sendo o réu começado a atar, irá o notário fazer-lhe um protesto dizendo que em nome dos inquisidores e dos mais ministros, que foram no despacho de seu processo, protesta que se ele réu no tormento morrer, quebrar algum membro, ou perder algum sentido, a culpa será sua, pois voluntariamente se expõe àquele perigo, que pode evitar, confessando suas culpas, e não será dos ministros do Santo Ofício, que fazendo justiça, segundo os merecimentos de sua causa o julgam a tormento."

Dizem-nos os cânones que todo o clérigo que ferir, ou causar sangue, fique irregular; os eclesiásticos alegam-nos esses seus cânones como prova da sublimidade dos seus costumes. Mas que provam essas suas leis que eles produzem no público, se a sua prática, no particular, é tal qual a declara este parágrafo? O protesto é mais entremez que coisa séria, porque diz que o réu voluntariamente se expõe ao perigo do tormento; se o preso está amarrado e cercado de algozes, como é voluntário? Diz que se expõe voluntariamente, porque podia evitar o tormento confessando, mas se ele estiver inocente e não tiver que confessar? Os inquisidores ainda não sabem se ele é ou não culpado, porque o tormento o dão para que a confissão do réu sirva de suplemento aos indícios, e fique assim havendo a prova que não havia. Mas, ainda que o crime estivesse provado, nem assim salvavam as proibições dos cânones da Igreja, porque, segundo eles, os sacerdotes não podem sentenciar em causa crime que haja pena de sangue. Tanto assim, que para salvar estas aparências, em público, nos autos de fé, chamam desembargadores da relação, ou outros ministros seculares, que assinam as sentenças de pena última, e é a isto que eles chamam de relaxar à cúria secular. Sendo certo que o tal ministro secular não tem a liberdade de julgar, faz o que os inquisidores lhe mandam. Como diz expressamente Simancas (58), que assevera que o juiz leigo é obrigado a condenar e a executar a sentença, em caso de heresia, com os olhos fechados, sem tomar conhecimento ou certificar-se da justiça da causa. Eis aqui a boa-fé, a candura, a sinceridade de proceder na Inquisição. 9. Outro exemplo. Se a caridade é quem rege as suas ações, se desejam tratar bem aos presos, também deviam estimar que os outros obrassem do mesmo modo, mas acontece, muito pelo contrário, que às únicas pessoas que têm acesso aos cárceres, e podem falar aos presos, lhes é expressamente proibido fazer aos desgraçados a menor equidade, isto não é exageração minha; aqui apresento o extrato do Regimento do Santo Ofício, Liv. 1. tt. 14. § 11. trata do alcaide: "Dará mais aos presos tudo aquilo em que forem providos na visita, tanto que o receber do tesoureiro; mas fora disso lhes não dará coisa alguma, ainda que seja própria dele alcaide, ou os mesmos presos lhe deem dinheiro para se comprar. No mesmo Liv. I. tt. 15. § 3°, tratando dos guardas dos cárceres, diz: "A todos os presos tratarão sempre com muita cortesia e sem respeito algum particular, dando-lhes tudo o que a Mesa mandar por ordem do alcaide, a tempo conveniente, mas fora disso não lhes darão coisa alguma, ainda que seja própria deles guardas, ou os presos lhe deem dinheiro para ela." A especificação do caso em que o preso dê dinheiro para se lhe comprar alguma coisa é cautela demasiada, e exuberante, porque os presos, quando entram para os cárceres, são exatissimamente apalpados, e se lhes tira todo o dinheiro, ou traste de algum valor que se lhe encontre. Mas tal é o furor caritativo dos senhores inquisidores que não querem que pessoa alguma exercite algum ato de caridade com os presos, para que a eles não lhes falte ocasião de exercitar as suas virtudes! Esta caridade não é certamente a que o Evangelho de Jesus Cristo recomenda; mas confesso que é coerente com a moral destes, que, intitulando-se seus imitadores, tomam por armas uma espada e uma cruz. Desejava que os senhores inquisidores me explicassem (porque nunca achei isto nos livros de armaria) se esta espada é a que Jesus Cristo mandou meter na bainha a São Pedro, ou se é o cutelo exterminador com que a Inquisição tem despovoado Portugal e Espanha. Notarei também aqui que o réu é não só obrigado a falar contra si, iniquidade comprovada pelas leis de todas as nações, mas que se lhe defere juramento o que em Portugal é um crime, visto que as Ordenações do Reino proíbem expressamente deferir juramento aos réus quando eles são perguntados a respeito de seus crimes, o que os inquisidores praticam como um dos artifícios próprios para aterrar os espíritos tímidos e piedosos. E com este mesmo fim que usam os inquisidores já de ameaças, já de promessas, mandam ao preso que se sente durante os interrogatórios, algumas vezes afetam ter grande compaixão das desgraças do preso para o obrigar a falar, pois a mim me disse o inquisidor mais de uma vez que podia pedir audiência quando quisesse, até para desabafar. Muitas vezes tinha um papel na mão para me fazer crer que dele tirava os fatos sobre que me arguia. Quanto a estas promessas de misericórdia e favor, com que os inquisidores iludem os réus, é necessário saber que eles assentam que a menor e mais insignificante condescendência que tenham para com o réu é bastante para lhes salvar a palavra e dar as promessas por cumpridas, porque segundo a frase dos inquisidores até os castigos de um herege se devem reputar favor, além de que por esta misericórdia e favores que prometem, entendem eles a remissão ou alívio daquelas penitências ou modificações que cabem no seu arbítrio e não nas disposições das leis e cânones as quais são obrigados a executar. Para que não fique por executar maldade alguma com que possam levar a cabo os seus intentos de saber tudo do réu, enviam-lhe pessoas fingindo-se presos companheiros ou debaixo de outros pretextos para que ganhando-lhes a confiança lhes persuadam a confessar tudo. A mim não me aconteceu isto, mas ninguém me despersuadirá que o infame frade dominicano, que eles nomearam para ser meu confessor, vinha ensinado do que me havia de dizer, porque todo o seu fito era fazer-me crer que eu devia confessar tudo e que nisto consistia o meu bem, e a título da confissão sacramental, me inquiria coisas miudíssimas, que a não ser ele demasiado curioso não podia isto provir senão de instruções que ele tivesse. Agora examinemos os argumentos que poderão produzir a seu favor os defensores da Inquisição. Contra os extratos da sua mesma legislação parece-me que nada terão que opor. É verdade que dizem vagamente que os horrores da legislação do Santo Ofício estão em desuso, posto que as mesmas leis não estejam revogadas. Eis aqui um rumor popular espalhado pelos mesmos inquisidores e que pode enganar a quem não reflete na matéria com a ponderação necessária. Eu fui um dos enganados, mas não pude deixar de me livrar do engano; fazendo-me os inquisidores conhecer a verdade praticamente, refleti então no que de antes não tinha pensado, e conheci que a reflexão seria bastante para dar a entender o estado atual deste tribunal. É verdade que os inquisidores têm a faculdade de espalhar, por toda a parte, que tratam os seus presos com suma caridade, e mandam inculcar o mesmo pelos oficiais e apaniguados da Inquisição. Mas ao mesmo tempo os presos, que eram os que podiam informar o público, têm a mais expressa proibição de dizer coisa alguma do que lá passaram, debaixo de gravíssimas penas; disto se dá um juramento, e se assina um termo; mas ao mesmo tempo se insinua ao preso (como a mim me fizeram muitas vezes) pelo confessor, pelo alcaide e pelos guardas, que pode dizer tudo quanto quiser a bem do Santo Ofício e do bom tratamento, que lá tiveram, e da misericórdia que usaram com ele apesar de seus grandes crimes. E quem será aquele, que, depois de experimentar o rigor de semelhante tribunal, se atreva a desafiar a vingança destes padres, dizendo a verdade do que lá lhe fizeram? É necessário, para ter esse desaforo infrutífero, que padeça, como a mim me acontece, o perpétuo desgosto de se banir para sempre da sua pátria. Vejamos pois, analiticamente, quais são as diferenças que os inquisidores alegam entre o procedimento da Inquisição há alguns anos atrás, e o de hoje em dia. Primeiro. Alegam que hoje não há os autos de fé. Mas em que mostra isto a melhoria dos procedimentos da Inquisição? Todos sabem que se não os há, não é porque os inquisidores não tenham disso grandes desejos; e o atual inquisidor-geral, homem de más entranhas e que, se lhe largassem as rédeas, nadaria tudo em sangue, fez sobre isso grandes esforços, e teria conseguido havê-los, com as aderências que a sua grande representação lhe poderia granjear, se não achasse no Ministério a mais vigorosa oposição, e o que mais é, não tivesse felizmente decaído da graça, pelo seu comportamento no Paço, como é notório na Corte. Os desejos que têm os inquisitores de renovar os autos de fé não têm outro motivo senão orgulho destes homens e a vaidade de dar a maior publicidade possível ao triunfo que alcançam dos seus supostos inimigos; porque se eles em vez de se deixarem levar da vaidade, consultassem os seus interesses reais, conheceriam que lhes é útil a não-existência dos autos de fé, e isto por duas razões: uma porque os autos de fé despertariam o Ministério, assaz enfadado já, com os males que a Inquisição tem feito ao Estado, diminuindo a povoação com as suas perseguições e com os vexames que têm obrigado a tanta gente a deixar o Reino; e atraindo à Nação Portuguesa o caráter mais ridículo e o desprezo mais formal da parte das nações estrangeiras, que só por causa de sofrerem entre si a Inquisição o reputam o mais supersticioso e ignorante povo da Europa. Outra, porque a Nação Portuguesa, hoje em dia, começa a ter alguns conhecimentos, mais do que tinha há cinquenta anos a esta parte, apesar do grande cuidado com que este tribunal e seus partidistas procuram reter o povo na ignorância; e nestes termos, se as perseguições e crueldade da Inquisição lhes fossem tão manifestas, como de antes o eram, por meio dos autos de fé, talvez os inquisidores tivessem fortes motivos de arrependimento. Do que fica expendido, se conhece que o desuso dos autos de fé nenhuma melhoria indica nos procedimentos do tribunal, tanto mais que o haver ou não haver auto de fé, é e sempre foi matéria indiferente ao exercício das funções da Inquisição; e portanto, se a instituição deste tribunal é má, se as suas leis são cruéis e sanguinárias, a existência ou não-existência dos autos de fé nada aumenta ou diminui sua maldade intrínseca. A refinada velhacaria com que os inquisidores, principalmente o Cardeal da Cunha, inquisidor-geral em 1774, pôs em suspenso os autos de fé, dá a conhecer bem a hipocrisia e fingimento de suas asserções. Eis aqui a prova. No último

Regimento da Inquisição, ordenado pelo mesmo Cardeal da Cunha para aplacar o Marquês de Pombal, que meditava a inteira ruína desta hidra, diz assim, Liv. 2, tt 15. in pr.: "Tendo mostrado a história, por fatos incontestáveis, que os chamados autos de fé, ordenados nos regimentos de D. Pedro de Castilho e de D. Francisco de Castro, fabricados pelos jesuítas e até autorizados com as armas da sua perversa e já extinta sociedade, foi outro invento da malignidade dos mesmos regulares, para mais fomentarem a ignorância e fanatismo que tinham introduzido nestes reinos, com geral escândalo das nações estrangeiras, as quais, sabendo, como iluminadas, que não havia na boa e sã filosofia, na moral cristã, na religião, ou na política, razão ou fundamento algum com que se pudessem coonestar aquelas públicas ostentações de horrores e misérias, viam caminhar tão numerosos e miseráveis réus em solene e pomposa procissão para um teatro levantado dentro de uma igreja, para aí ouvirem ler suas sentenças, profanando-se os templos dedicados a Deus para o culto e para a oração, com indignidades e indecências, e desafiando-se a curiosidade pública dos ministros mais graduados naturais e estranhos, para testemunharem de vista e divulgarem nos seus escritos, por toda a Europa culta, o deplorável estado destes reinos; quando semelhantes autos se fariam necessários nos casos de uma indispensável necessidade e desagravo da religião, como é o de dar a conhecer aos povos os heresiarcas, ou dogmatistas disfarçados, para fugirem deles, como há poucos anos sucedeu a respeito do monstro Gabriel Malagrida, para que os contagiosos erros em que se precipitam não grassem abalando a religião nos seus mais sólidos e firmes fundamentos; foi tal a parvidade daqueles regulares, que sem algum reparo em tudo o referido, fez indistintamente comuns e gerais os mesmos autos, e até manifestos os nomes, as culpas e o número dos miseráveis réus, que neles figuravam, por listas impressas, a fim de perpetuarem com elas as infâmias dos desgraçados réus e dos seus descendentes, com tanto horror de todo o mundo iluminado e pio." Tal é o proêmio deste notável título, e quem não vê a hipocrisia, a adulação e a falsidade, como se atreve este mentiroso inquisidor geral a imputar aos jesuítas a invenção dos autos de fé, quando todo o mundo sabe que muito antes da existência da companhia denominada de Jesus já os autos de fé estavam em prática em Espanha e noutras partes, e se não o estavam em Portugal é porque ainda não havia Inquisição. O alegar que o Regimento do Santo Ofício de D. Pedro de Castilho do ano de 1613, traz as armas dos jesuítas é outra notável prova de cavilação, eu vi e li, e possuo um destes exemplares, as chamadas armas dos jesuítas não são mais do que uma tarja, onde essas armas se acham entre o título e a data da impressão, tarja que quase todos os impressores tinham e ornavam, naquele tempo, com ela, o frontispício dos livros; vejam-se as edições da maior parte dos livros impressos naquela época e ainda depois da extirpação dos jesuítas, e se acharão estes ornamentos, do impressor; o inquisidor Cunha portanto não podia ignorar isto, e só produziu esta mal fundada calúnia contra os jesuítas por agradar o marquês, que trabalhava naquele tempo por expor ao público outros mais bem fundados males que os jesuítas produziram. Demais, o inquisidor afeta que deseja abolir os autos de fé e produz tão fortes razões, que o leitor se persuadiria que nunca mais poderia haver autos de fé; pelo contrário, ele mesmo estabelece exceções, a fim de deixar a porta aberta para renovar a cena quando lhe convier; com efeito, assim que morreu o Marquês de Pombal a Inquisição trabalhou por fazer autos de fé, o que conseguiu, e neles apareceram muitos réus, dos quais nenhum era dogmatista, que é ocaso da exceção; vejam agora a sinceridade com que o inquisidor falava. Proíbe que se imprimam as listas dos condenados pelo Santo Ofício, e dá a razão, no § 11 e último deste título, que pessoas mal-intencionadas têm feito mau uso destas listas contra o serviço de Deus e d'el Rei. Notável piedade! Eu não sei que se possa fazer, nem que se tenha feito, outro uso destas listas senão alguns autores somarem o número de vítimas que os inquisidores têm sacrificado à sua ambição e tirania, e mostrarem assim autenticamente os males que a Inquisição tem feito à religião e ao Estado; e eis aqui a razão por que eles agora proíbem essas listas. Segundo. Alegam que desde o Ministério do Marquês do Pombal se ordenou ao Santo Ofício que desse as testemunhas abertas e publicadas. Mas eu em outro lugar deixo já lembrado o modo por que na Inquisição se ilude esta ordem régia, e demais como se continua a guardar o mesmo inviolável segredo sobre todos os procedimentos do tribunal, ficam absolutamente inaveriguáveis todos os abusos que os inquisidores cometerem a este respeito. Terceiro. Alegam a brandura das penas, comparadas com a carniceria que algum tempo a Inquisição praticava. Mas a quem é devida esta moderação? Todo mundo sabe que os inquisidores para queimarem os seus criminosos, e salvar ao mesmo tempo os cânones eclesiásticos, que proíbem aos sacerdotes intervir em sentenças de pena de sangue, usavam do subterfúgio de fazer dar a sentença por ministros seculares. O Ministério não lhes concede esses ministros, logo não podem relaxar os réus à cúria secular, como eles se explicam, quando mandam queimar algum miserável. É logo absoluta necessidade que os obriga não queimar gente. Mas que se segue daí? Que lá o matam dentro, à força de mau tratamento; porque as condenam a cárcere perpétuo, e o passado e prisões são tais que os inquisidores não padecem por muitos anos a pensão de os sustentar. Os inquisidores têm espalhado que a brandura dos seus castigos é presentemente tal que até a tortura está abolida; esta asserção é inteiramente falsa, porque ainda mesmo no novíssimo Regimento do Santo Ofício de 1774, no Livro II, título 3, se manda praticar a tortura, e se determinam os casos em que deve ter lugar, até para fazer que o réu descubra os cúmplices, e isto depois de um longo preâmbulo em que diz que a tortura é contra o direito, contra as intenções da misericordiosa Mãe, a Santa Igreja, contra o mesmo fim dos processos, etc. (61).

Todos os outros castigos que não são a pena de morte, e que por consequência eles os podem irrogar, sem se comprometer, independente de ministros seculares, são frequentíssimos e executados com todo o rigor. O público não sabe disto, porque as sentenças não se manifestam já em autos de fé, e os padecentes vão sofrendo os seus castigos uns depois dos outros e não simultaneamente, como antes acontecia, de modo que ninguém atenta por isso, mas durante o tempo da minha prisão nos cárceres da Inquisição de Lisboa, foram a açoitar pelas ruas públicas, por várias vezes, sete pessoas, cinco homens e duas mulheres, foram muitos os condenados a degredos, a galés, a trabalho na cordoaria e outras penas; não contando os desgraçados que morrem naquelas masmorras, sem que ninguém possa saber parte deles. Neste ponto sei fatos que talvez os inquisidores julguem bem pouco, que chegaram a minha notícia, mas convém ao bem da Humanidade e ao crédito da nação reservar para tempo mais oportuno a sua publicação, os documentos param em meu poder, e quando puderem servir para fazer remediar o mal serão mais bem empregados do que se intempestivamente os manifestasse. É bem notório o caso que aconteceu em Coimbra, há seis ou oito anos, de um clérigo que veio ter a uma das janelas do Palácio da Inquisição, que deitam para a Rua de Santa Sofia, e por dentro das grades de ferro da janela, bradou em altas vozes, que pelo amor de Deus alguém quisesse apanhar os pedacinhos do papel, escritos com pó de tijolo, que atirava à rua, os quais continham a narração de seus trabalhos e das injustiças que havia quatorze anos estava padecendo nos cárceres da Inquisição; que representassem aquilo, por caridade à Soberana, para que mandasse indagar os tormentos injustos, que continuadamente ali lhe faziam. Este homem, por um acaso, pôde sair do seu cubículo, ou masmorra, e fugiu até aquela janela, mas logo vieram de dentro tirá-lo dali e reconduzi-lo ao cárcere, o que foi visto por muitas pessoas, da rua, porém ninguém houve que se atrevesse a pegar em algum daqueles papéis, até que um dos oficiais da Inquisição veio para apanhá-los, e os recolheu todos. Poucos dias depois o inquisidor presidente da mesma Inquisição de Coimbra atirou consigo de uma janela abaixo e morreu logo arrebentado da queda; disseram os seus companheiros que ele tinha enlouquecido; e houve muito quem acrescentasse que o tal inquisidor se matara, temeroso de que o inquisidor geral o repreendesse ou castigasse, porque a sua pouca cautela dera ocasião a transpirar ao público os tormentos que aquele miserável padecia, havia já quatorze anos. Mas fosse qual fosse o motivo por que este inquisidor se matou, basta o sabermos, com a certeza que se soube, os tormentos que o infeliz preso padecia, para termos o direito de presumir que muitos outros estarão no mesmo martírio, cuja existência é impossível averiguar. Eis aqui a melhoria de não deixarem aos inquisidores impor a pena de morte. Quanto mais que o segredo nos processos, que lhe concede, é quanto basta para que eles possam cometer impunemente quantas atrocidades quiserem. Eis aqui um fato que prova o modo por que atualmente eles procedem, e o que se lhes consente. Durante o tempo da minha prisão em 1803 veio da ilha da Madeira, remetido para os cárceres da Inquisição de Lisboa, um homem a quem o comissário do Santo Ofício naquela ilha, por motivos particulares, mas sob pretexto de crimes da competência da Inquisição, teve preso mais de um ano; chegado a Lisboa acharam os inquisidores que era tão manifesta a injustiça, que em pouco tempo mandaram o homem solto e livre para fora dos cárceres, o qual depois de solto, tendo quem o aconselhasse, requereu ao presidente do Santo Ofício que lhe mandasse dar uma atestação, ou outro documento, por onde ele pudesse mostrar na sua terra, que fora preso inocente, e livrar-se por este modo da infâmia de feito, em que incorrem todos os que são presos pelo Santo Ofício. O inquisidor repreendeu-o asperamente, negando-lhe o que lhe pedia, pela razão de que tal atestação seria muito contra o crédito do comissário que o prendera, e ameaçou a este miserável com o mandar outra vez recolher aos cárceres, se não partisse para a sua terra, ou para fora de Lisboa no primeiro navio que saísse. Quarto. Alegam que os cristãos-novos, ou gente, que descende dos judeus, já não sofrem os manifestos vexames, que noutro tempo lhes faziam os inquisidores. Esta asserção em parte é verdadeira, mas da melhoria que nisto há nenhum louvor cabe aos inquisidores, porque deles não depende serem os judeus presos todos os dias e os seus bens confiscados como dantes acontecia. Eu me explico. Os judeus foram obrigados, pelas intrigas dos eclesiásticos, a batizarem-se, para evitar a grande perseguição que lhes fizeram nos reinados dos reis D. João II e D. Manuel; mas depois os mesmos eclesiásticos lhes fizeram do seu batismo um título de infâmia, chamando-lhes por desprezo cristãos-novos; e o que mais é, fazendo-lhes disso um crime, porque a menor ação pouco religiosa, ou simplesmente suspeita, que um destes chamados cristãos-novos obrasse, era logo o desgraçado metido nos cárceres da Inquisição, e alegava-se contra ele que era cristão-novo; diziam-lhe no tribunal que confessasse os crimes de que estava delatado, sem lhe dizerem quais eram, se queria salvar a vida; o miserável acusava-se de quanto lhe vinha à cabeça para fazer a sua acusação crível, sem se embaraçar dos crimes que acumulava a si mesmo, porque na dúvida de que houvesse contra ele alguma acusação falsa, e que não falando ele nela, o queimassem por negativo, só tratava de salvar a vida acumulando acusações contra si mesmo, para o terem por confidente, e perdoarem-lhe a morte. Era pois processado este preso, em consequência da sua própria acusação; saía no auto público da fé, onde lhe liam uma sentença, que o declarava culpado de crimes de judaísmo, dignos da pena última, da qual o livravam por ter confessado, ficando porém sujeito a outras penitências menores e os seus bens, em todo caso, confiscados pelo Santo Ofício. Eis aqui a praxe que durou desde o estabelecimento da Inquisição até o reinado d'el-Rei D. José. A célebre lei chamada dos judeus, promulgada no Ministério de Pombal, determinou que o ser descendente de cristão-novo não pudesse ser alegado em juízo, nem fora dele como injúria ou defeito, e menos coisa criminosa, e que os tais descendentes de judeus fossem em tudo reputados cristãos, como os demais, não podendo ser punidos senão pelos crimes pessoais, de que fossem convencidos, como outro qualquer. Apesar da manifesta justiça desta lei, atreveu-se um dos alcaides da Inquisição a dizer-me que esta lei, tão farta de sentimentos de religião, fora alcançada pelos judeus, por uma grande peita que ofereceram. É natural que este alcaide ouvisse esta singular proposição aos seus superiores, se é que de propósito lha não ensinaram para a espalhar pelo povo. Quinto. Alegam, o que muito lamentam, a pouca autoridade que o Governo deixa aos inquisidores. Mas se isso é, será uma coisa de fato e não de direito, porque, como as leis subsistem, os inquisidores as farão reviver e pôr em uso, logo que as circunstâncias o permitirem. Toda a Corte de Lisboa sabe a desgraça do inquisidor-mor atual, e o pouco cabimento que ele tem no Paço, pela sua má conduta, no lugar que nele ocupou e pelas mais razões que são bem conhecidas, o seu único apoio, ou ao menos o principal fator de suas más intenções, é o intendente-geral da Polícia; mas logo que a desventura dos portugueses quiser que haja outro inquisidor-mor de maior influência no Ministério, ou que o atual adquira maior valimento, segurissimamente eles porão no Santo

Ofício em vigor as suas leis que, não debalde, conservam adormentadas, mas que nunca foram revogadas. O auto de fé, celebrado em Madri aos 30 de maio de 1682, foi precedido pelo intervalo de 40 anos em que não houve auto de fé, porque as circunstâncias do tempo não permitiam aos inquisidores falar nisso. Donde se vê que o silêncio dos inquisidores em algum tempo é somente a espera do momento em que possam fazer reviver os seus sistemas de tirania pública e de terrorismo. Temos disto um moderno e decisivo exemplo nos últimos autos de fé de Portugal, que foram três: um em Lisboa, outro em Coimbra e outro em Évora; neles saíram muitas pessoas, por delitos cometidos durante o reinado d'el-Rei D. José e Ministério do Marquês de Pombal. Os inquisidores não se atreveram a entender com eles enquanto durou aquele Ministério que lhes era desfavorável, mas guardaram as suas ofensas caladamente; e logo que morreu el-Rei D. José, fizeram renascer as culpas que pareciam estar no esquecimento, intrigaram no Ministério a ponto de se lhes conceder a liberdade de procedimento, e quando menos se pensava apareceram no auto de fé todos esses homens, entre os quais havia alguns de tão grande merecimento que serviriam de honra à nação, se estimassem, como deviam, os seus talentos. Depois de tão próximo exemplo, nenhuma pessoa que quiser refletir deixará de conhecer que as máquinas da Inquisição são agora as mesmas, idênticas, que foram sempre, e que os inquisidores as hão de pôr em ação, logo que as circunstâncias lhes forem favoráveis. Sexto. Alegam também que será mui difícil poderem os inquisidores alcançar permissão para fazer reviver o seu sistema das perseguições, porque os tempos, dizem, já não o permitem; há na nação mais homens instruídos e iluminados do que até aqui, e o espírito de fanatismo, estando já muito abatido, pouco efeito poderão fazer as representações dos inquisidores, ainda que as circunstâncias lhes permitam adquirir maior crédito no Ministério. Mas este raciocínio só convence a quem não conhece o caráter dos eclesiásticos, em geral, começando pela Cúria de Roma, e acabando nos hospícios capuchos, que é amoldarem-se a todas as circunstâncias e ideias das pessoas com que têm de tratar negócios; o eclesiástico é o verdadeiro camaleão. Com um Ministério devoto, em séculos de superstição, não falam senão em desencargos de consciência, argumentos da Sagrada Escritura, interpretada a seu modo, respeito e veneração às censuras de Roma, e coisas deste gênero, mas deem-lhes introdução em um Ministério ativo, desejoso de promover os interesses reais dos povos, e vê-los-ão mudar logo as baterias. Neste caso os argumentos de persuasão são já tirados do bem do Estado, da segurança do trono; argumentam com a necessidade de manter a religião para conservar os bons costumes e outras semelhantes razões, que sendo em si mesmas, e absolutamente falando, verdadeiras, relativamente a eles e às suas intenções, não são senão impostas, porque todo o seu fim é a vaidade de figurar, a vingança de seus inimigos e a cobiça insaciável do dinheiro, para manter o fasto, o orgulho e mais vícios, que todo o mundo neles conhece; motivos reais de devoção à religião são e sempre foram nenhuns. Nas provas da dedução cronológica e analítica se acha uma carta d'el-Rei D. Pedro II ao Sumo Pontífice, então reinante, em que lhe dá conta dos abusos cometidos pela Inquisição e da confusão e desordem dos processos, principalmente por causa das delações ocultas; porém que resultou dali? El-Rei não se achou com autoridade suficiente para fazer valer o seu poder supremo, castigando aqueles eclesiásticos, que lhe oprimiam injustamente os seus vassalos; e o pontífice mandou ao seu núncio ou coleitor, em Lisboa, tomar conhecimento do caso, mas os inquisidores não lhe quiseram obedecer, e o Papa julgou, finalmente, mais prudente dissimular para se não ver obrigado a dar um golpe na Inquisição que desacreditaria muitíssimo os eclesiásticos e que diminuiria necessariamente as utilidades que a Corte de Roma recebe, em consequência da representação e créditos daquele tribunal. Mais, e muito mais, pudera dizer a respeito do estabelecimento do tribunal da Inquisição; porém basta o que fica dito, para responder ao ataque injusto do senhor notário do Santo Ofício. Agora direi mais uma palavra pelo que me respeita. O Inquisidor que me deu a última audiência, e o seu menos civil notário repisaram muitas vezes em uma proposição que eu, e os outros presos, éramos os culpados na demora dos nossos processos, porque o Tribunal do Santo Ofício costuma pôr a maior brevidade possível no expediente das causas. Devo agora retorquir a isto, o que então não fiz, porque como eu intentara que aquela fosse a audiência de despedida, convinha à ocasião ouvir mais do que falar. As causas que o Santo Ofício trata de abreviar são as das pessoas pobres, que não têm com que pagar as despesas do sustento no cárcere; quanto aos outros, que têm bens por onde paguem, nenhuma pressa se lhes observa, sendo mui de notar que lhes lançam em rosto todos os dias, como a mim faziam, miserável ração, que ali dão, alegando constantemente isto em prova da sua grande caridade, e no fim do processo entram nas custas, as chamadas despesas dos cárceres, e sabe Deus por que preços e de que maneira contados. Quanto mais, que essa sua pretensa caridade é essencialmente necessária aos seus fins. Oxalá que não a tivessem tido comigo! Porque estando os presos rigorosamente incomunicáveis e não me sendo permitido mandar buscar fora nem roupa, nem comer, nem dinheiro ou bem, me haviam de dar essa miséria que me davam para sustentar a vida, ou o prazer de me atormentar se lhes havia de acabar dentro em oito dias, porque eu, sem comer necessariamente havia de morrer de fome. Mas voltemos ao ponto: em que fui ou era eu culpado na demora do processo? Se era em não requerer como devia, a culpa é deles e não minha, porque eu requeria, do modo que me persuadia ser mais útil, e conveniente a minha justiça; e eles nem me aconselhavam, nem me deixavam aconselhar com ninguém, conservando-me sempre na mais rigorosa incomunicabilidade; eu estava na ignorância invencível do modo por que devia proceder; eles podiam tirar-me dessa ignorância e não o queriam fazer; logo, quem é culpado, senão eles, de eu não requerer à sua vontade? Se a culpa que me atribui na demora é de eu não confessar parte do que eles queriam que eu dissesse, isso nunca se reputou crime em um réu. O estado da minha causa era este. Eu estava preso por framaçom, disso me tinha eu já acusado, porque era verdade e porque queria com essa confissão obter o tratamento benigno, que me prometiam; mas dirão que eu devia perder o favor, que pretendia alcançar pela confissão, porque era necessário que confessasse mais, qual era o estado atual das lojas de Portugal debaixo da jurisdição do Grande Oriente de Lisboa; que declarasse por framaçons fulanos e fulanos, que eles chamavam meus sócios, que confessasse também haver tratado no Grande Oriente de Londres negócios relativos às lojas de Portugal. Mas deste modo não haverá confissão que aproveite ao réu para lhe alcançar o tratamento mais benigno que eles lhe prometem, porque confesse ele o que confessar, fiado nas promessas dos inquisidores, não é mais do que eles dizerem que deve confessar mais tais ou tais coisas, e como o réu não as confesse, dar-lhe por inútil toda a confissão, que tem feito, e o que mais é aproveitarem-se desta confissão para o condenarem. Dirão eles que também no foro secular os juízes se valem da confissão do réu para o condenarem, mas a isto respondo: primeiro, que no foro secular nunca basta para a condenação a mera confissão do réu, sem haver outra prova, e segundo, que é absolutamente reprovado, em direito, dizer o juiz ao réu que confesse, porque se lhe perdoará, e o juiz que tal fizesse cometeria uma flagrante violação das leis e erro do seu ofício. Dirão também que, no meu caso, não me mandavam confessar crimes inventados por eles, para me inutilizar o merecimento de haver confessado ser framaçom, porém, que me objetavam fatos de que eu estava indiciado, em consequência dos papéis que me foram achados; tais eram, saber eu do estado atual das lojas dos framaçons em Portugal, conhecer por seus sócios as pessoas que me nomearam e ter tratado em Londres negócios das lojas de Portugal. Seja assim, mas a minha negativa nesse caso, não sei que pudesse ser-me dada em culpa para a demora; porque, se eles sabiam ser verdade isso que eu negava, condenassem-me, mas demorarem-me a causa em castigo, porque me defendo, e castigarem-me segunda vez pelo crime negado, por uma sentença, é fazerem-me a decidida injustiça de me castigarem duas vezes por um só delito. Quanto mais que a parte, em que eu era negativo, não era o essencial do crime, mas sim um incidente. O crime principal era o ser framaçom, esse confessei eu; o ter tratado em Londres negócios das lojas portuguesas, ou conhecer as pessoas, que as compõem, é parte acidental a esse chamado crime, é mais ou menos uma ação praticada como framaçom, que eu negava. Além disto, desta parte que eu negava não tinham os inquisidores prova alguma, porque nenhuma testemunha houve que depusesse, que sabia, nem ao menos, que tinha ouvido, que eu tivesse entrado em loja alguma de framaçons em Portugal, e eu tinha residido tão pouco tempo consecutivo em Lisboa, depois que fui framaçom, que não era de presumir ter eu tempo de me haver informado do estado das lojas maçônicas portuguesas para poder fazer as declarações que os inquisidores exigiam. E quando fosse presumível que eu tivesse essa informação, é manifesto que a presunção não basta, nem nunca bastou para verificar um crime; para isto é necessário a prova e essa não a tinham os inquisidores, nem boa, nem má. Sobre outra parte das negociações em Londres, havia indícios que se deduziam dos papéis, que me apreenderam. Mas acima deixo já demonstrado que desses papéis nem indícios se tiravam, porque eram todos escritos por mim e, portanto, não podiam admitir outra interpretação senão a que eu lhes desse, conforme o que fica já explicado e caso assim não fosse, e que esses papéis fossem escritos por outras pessoas, ou tivessem circunstâncias, que não tinham, nem assim provavam coisa alguma, porque papéis nunca se reputaram evidência, nem prova, salvo as escrituras públicas. E se me quiserem dizer que quando não fossem provas eram com efeito indício, respondo que por indícios somente não se pode condenar pessoa alguma. E enfim, se eles assentam na Inquisição que esses indícios podiam servir de prova e bastavam para a condenação, sentenciassem a causa e condenassem-me, na pena que lhes parecesse, que eu me daria por satisfeito, pois muitas vezes assim o disse; mas não me demorassem a causa, retardando a publicação da sentença, porque enquanto eles não provarem a justiça com que o fizeram, hei de gritar, tão alto quanto me for possível, que não me sentenciassem para me atormentar, e que ainda em cima, me disseram, que eu era o culpado na demora, para me angustiar mais com esta nova imputação, injusta e mortificante. A verdade é que na Inquisição, ou por ignorância, ou por malícia, acumulam-se perguntas e fatos sem ordem nem conexão, que parecem não ter outro fim senão descobrir algum crime, seja qual for, modo de proceder que não tem lugar em tribunal algum de justiça; eis aqui um exemplo disto bem notável, e seja o último. Certo capitão-de-mar-e-guerra saiu de Lisboa comandando uma nau e deixou uma procuração a um seu amigo, para lhe cobrar os seus soldos e entregar o dinheiro à mulher, ou família do tal mar-e-guerra.

Demoraram-se os pagamentos do erário nessa ocasião, e o sujeito, que tinha a procuração, vendo que esta falta causava grande desarranjo à família do seu amigo, representou este caso a uma loja de framaçons, dizendo que seria um grande serviço, ao amigo ausente, adiantar estes soldos à sua família, e que ele procurador, não tendo dinheiro para o fazer, representava isto à loja, para que mandassem fazer o empréstimo, visto ser o capitão-de-mar-e-guerra ausente também maçom; a loja concedeu o que se lhe pedia, e o secretário da mesma loja escreveu um bilhete ao dito procurador do ausente, em que lhe dizia que, havendo sido a decisão da loja conforme a sua representação e desejos, fosse à casa do tesoureiro da loja receber o dinheiro, que importavam os soldos; remetia-lhe também a procuração do tal ausente, a qual era reconhecida por um tabelião, como cousa necessária para se poder com ela cobrar o soldo no erário. Esta carta foi, não sei por que acidente, achada em parte donde a levaram à Inquisição; e também me foi apresentada para eu responder a ela e às perguntas que sobre isso me fizeram, ajudavam a avolumar o meu processo. E de saber que a data da procuração era de Lisboa, e de tempo justamente em que eu estava em Paris; a procuração nem era eu que a tinha passado, nem era passada a mim, eu não era o secretário que escrevia o bilhete, nem o tesoureiro, que havia de dar o dinheiro; esses papéis não me foram achados, nem em minha casa; logo era um puro absurdo, ou vontade de acumular fatos e confundir o processo, obrigarem-me a responder por semelhante transação. O inquisidor fazia grande aparato de palavras sobre a verdade e autenticidade do fato, porque até vinha com o reconhecimento de um tabelião, mas este reconhecimento só era a respeito do sinal da procuração que o mar-e-guerra passou ao seu amigo, para lhe cobrar os soldos no Erário Régio; o mais constava de um pequeno bilhete, informe de letra desconhecida, e todo cheio de abreviaturas privativas dos maçons, a que o inquisidor dava interpretações que só tirava do contexto, e que portanto não sabia de certo que fossem genuinamente entendidas. No entanto, mandava o Inquisidor escrever nos autos, e mais de uma vez, que eu negava os meus crimes pertinazmente, mostrando-se-me tão provados que até havia papéis autenticados com o reconhecimento do tabelião, o que faz plena fé em direito; e não duvido que na sentença se explicassem pela mesma frase pomposa, que impõem a quem não sabe que esse reconhecimento recai em um papel que nenhuma conexão tem comigo. Demais, receber a procuração de um homem ausente, para lhe cobrar os seus soldos e entregá-los à sua família, é uma ação de amizade, em nada repreensível, e adiantar este dinheiro na falta dos pagamentos, para remediar as necessidades daquela família, é indubitavelmente uma ação virtuosa, e só os inquisidores lhe poderão chamar crime. Dirão que a loja fazia este empréstimo porque o ausente eram framaçom e seu consócio, mas seja assim, isso não diminui a bondade da ação, e sobretudo isso, que é o meu ponto, por que havia eu ser perguntado por semelhante fato? Dirão que é porque isso provava a existência de lojas em Portugal; seja assim; mas não prova que eu sei dessas lojas, que era a nossa questão; nem deveria o inquisidor mandar escrever no processo a falsidade de que nos fatos, que eu negava, havia coisas até provadas com a autenticidade do reconhecimento de um tabelião; porque eu nunca me propus a dizer que não havia lojas de framaçons em Lisboa; dizia sim, que não sabia delas, e ninguém era capaz de provar, na Inquisição, que eu tal soubesse. Em conclusão se eu sou tão mau homem e tenho cometido tão atrozes crimes, que mereci estar três anos de segredo, sofrendo rigorosíssimo tratamento, por que não me fizeram em público o meu processo? Seria conveniente, para dar exemplo, fazer o meu castigo conhecido, e processar-me de maneira que as provas dos meus delitos ficassem patentes, mas pelo contrário, tudo está oculto. A razão é clara, eu devia ser convencido pela evidência de testemunhas, porém não há absolutamente ninguém que deponha contra mim a menor coisa. O meu processo e as provas que houve, para eu ser tão atormentado, devem existir na Inquisição. Desafio, portanto, esses meus perseguidores a que publiquem os nomes das testemunhas que depuseram contra mim, patenteiem, se são capazes, os seus ditos; assim como eu provo, com os extratos da sua mesma legislação, as maldades que se cometem na Inquisição. Dirão, como sei que disseram algumas pessoas, que eu era temível e perigoso; mas que fraqueza em homens poderosos! Não puderam conseguir a sua segurança, e tranquilidade, senão com uma injustiça? Se não cometi crime algum por que me castigaram? Se me castigaram com justiça, por que ocultam ao público esses motivos justos? Quererão talvez ter direito de punir até os meus pensamentos, contra todo o direito; assim diz Plutarco que obrou o tirano Dionísio, o qual mandou matar a um certo Marsias, porque este sonhou que estava assassinando ao tirano. Sim. Sou inocente. Que me oprimiram, que me vexaram que me arruinaram é patente e conhecido a todos, mostrem agora com a mesma evidência, que essa opressão foi justiça, que mereci esse tratamento, ou que há provas de ter eu cometido algum crime. Apareça o mortal sobre a Terra que se queixa de lhe haver eu lesado os seus direitos. Ninguém haverá. Sou, logo, inocente, torno a repetir. Os senhores inquisidores e seus fautores, devem saber que oprimir um homem em segredo é mui fácil a quem tem, como eles, jurisdição e poder de vexar e atormentar sem dar satisfações ao público, mas não é igualmente fácil provar a justiça dessas crueldades, quando só a força e não a razão as autoriza. Entretanto que eu estava preso, tinham estes homens a impiedade de espalhar rumores contra mim, conservaram-me incomunicável, e publicavam que eu me comportava tão mal, nos cárceres mesmo, que não tinham remédio senão tratar-me rigorosamente; diziam isto e outras calúnias, como em confidência a certas pessoas, para as fazerem mais críveis, e poderem correr esses boatos; com aparente probabilidade de verdade. É certo que atacar um homem, quando ele está na impossibilidade de se defender, é covardia, ou mostrar que não sofre a consciência, expor-se ao risco de encontrar defesa. Ao presente posso defender-me e responder; publiquem o meu processo, e mostrem que obraram com justiça.

* * *

Referências

DOURADO, Autran. *Hipólito da Costa e o Correio Braziliense*. Rio de Janeiro: Editora Biblioteca do Exército, 1956.

RIZZINI, Carlos. *Hipólito da Costa e o Correeio Brasiliense*. Rio de Janeiro: Editora Leya, 1957.

LIMA SOBRINHO, Barbosa. *Antologia do Correio Braziliense*. Rio de Janeiro: Editora Cátedra, 1977.

SODRÉ, Nelson Werneck. *História da Imprensa no Brasil*. Rio de Janeiro: Editora PUC-RS, 1966.

CASTRO, Terezinha de. *Hipólito a Costa, Ideias e Ideais*. Rio de Janeiro: Biblioteca do Exército Editora, 1985.

REZZUTTI, Paulo. *Leopoldina, a História não Contada*. São Paulo: Editora Leya, 2017.

COSTA, Hipólito José da Costa. Narrativa da Perseguição. Brasilia: Fundação Assis Chateaubriand, 2001.

LUSTOSA, Isabel. *Pioneiro da Independência do Brasil*. Brasilia: Fundação Assis Chateaubriand, 1996.

MENCK, José Teodoro Mascarenhas. *A Imprensa no Processo de Independência do Brasil: Hipólito da Costa, o Correio Braziliense e as Cortes de Lisboa de 1821*. Brasilia: Câmara dos Deputados, 2022.

Este livro foi impresso para a
Dois Por Quatro Editora
em 2023